DELICIOSAS VERDURAS

GEORGINA FUGGLE es una joven chef y estilista culinaria formada en la escuela de cocina Leith, que ha trabajado en Green & Black y como editora culinaria sénior. Creció ayudando a su padre en su huerto y ahora dirige varios restaurantes temporales denominados Hart & Fuggle con su amiga Alice Hart. Es autora del blog fuggleantics.blogspot.com.

DELICIOSAS VERDURAS

MÁS DE 100 TENTADORAS RECETAS VEGETARIANAS

Georgina Fuggle

FOTOGRAFÍAS DE TORI HANCOCK

5tintas

La edición original de esta obra ha sido publicada
en el Reino Unido en 2015 por Kyle Cathie Limited,
con el título

Take One Veg

Traducción del inglés
Gemma Fors

Diagonal, 402 – 08037 Barcelona
www.cincotintas.com

Impreso en China
Código IBIC: WBJ

ISBN 978-84-16407-08-8

CONTENIDOS

INTRODUCCIÓN

En los últimos años, la cocina vegetariana se ha transformado profundamente. Los cocineros experimentan con la verdura y se muestran más valientes con las texturas, los colores y la variedad de sabores. En la cultura culinaria actual, la carne ya no es el único protagonista esperado en el plato principal y los comensales se dan por satisfechos con las hortalizas, antes humildes y ahora catapultadas al centro de atención.

Los vegetales tienen un precio atractivo, son nutritivos y resultan agradecidos para el cocinero novel. Se conservan bien, aguantan un ligero exceso de especias (o condimentos) y, lo más importante, se adaptan a los presupuestos más ajustados. Dejando de lado nuestros propios deseos, sencillamente no es sostenible mantener el nivel de consumo actual de carne y, pronto, servirla en nuestra mesa se convertirá en un lujo que muchos de nosotros no podremos permitirnos. De modo que, siéntese, preste atención y aprenda a cocinar verduras de manera creativa.

No debe darle miedo aventurarse con recetas nuevas, añadir capas cargadas de ajo o hierbas aromáticas, o probar variedades distintas e interesantes. Deje que los sabores delicados se mezclen con otros y se formen relaciones amistosas, como la clásica entre la patata y la cebolla, u otras más inusuales como la del brócoli «bimi» con el pimiento picante. Presente la comida en la mesa con seguridad, a sabiendas de que no hay nada más delicioso que una receta elaborada con esfuerzo y cariño.

Mis padres me enseñaron lo que son las hortalizas, además de cómo dedicar una parte del jardín al cultivo y la experimentación con las verduras. Si un año no le salen judías, cambie de variedad o plante otra cosa. Sí, los supermercados venden todas las verduras que menciono, pero si dispone de tiempo, dedique algunos momentos para ir a comprar a la tienda de un productor local o al mercado de su zona. Las variedades que vendan casi siempre serán más auténticas y su sabor, superior al de las hortalizas cultivadas para conservarse en los estantes de las grandes superficies. Además, sus platos seguramente serán reflejo de la estación en la que se encuentra, algo que siempre es positivo.

Los capítulos del libro están divididos por grupos de variedades vegetales, basadas más o menos en familias científicas. Hay nueve grupos principales que van de las Crucíferas (coles, berzas y demás) a las Cucurbitáceas (calabazas y calabacines). Pero los capítulos contienen algunas anomalías al respecto, ya que se incluyen, por ejemplo, el maíz y los rábanos en el capítulo «Vainas y verduras de verano». He agrupado cada hortaliza según mi criterio por sus cualidades culinarias y estación. Cada receta presenta una «estrella», una verdura principal a la que le siguen el resto de ingredientes. Algunas le resultarán familiares —la amable y reconocible zanahoria—, mientras que otras tal vez no, como la coliflor romanesco de color verde lima.

He incluido recetas diversas —para entrar en calor en invierno, ensaladas ligeras para el verano, legumbres para las cenas diarias o comidas para llevar, y algunos postres para ocasiones especiales—, todas fáciles de preparar y gratas al paladar. Muchas son heredadas, no creaciones propias, y me las sirvieron de pequeña antes de que yo se las preparara a mi familia. Espero que disfrute de esta colección.

RAÍCES VEGETALES

Raíces, raíces, raíces. Desde los suaves tubérculos de la patata hasta el bello bulbo blanco del apio nabo, estas hortalizas se hallan en buena parte de las recetas para las cenas. Recuerdo que en mi casa, desenterrar patatas y zanahorias era una tarea previa al almuerzo. Nos quejábamos de tener que dejar la comodidad del sofá, pero una vez empezábamos a hurgar en la tierra, con un colador vacío y bajo la mirada atenta de mi padre, nos invadía una emoción prehistórica e inmensamente gozosa al descubrir tesoros comestibles.

ENSALADA DE

ALCACHOFAS DE JERUSALÉN

FARRO Y AVELLANAS

A lo largo de los últimos años me he dado cuenta de que el farro se ha convertido en el cereal preferido de muchos restaurantes. Posee un agradable sabor a nueces y queda tierno rápidamente sin reblandecerse. Es ideal para esta ensalada tibia con un aliño de aceite y alcachofas de Jerusalén coronada con un huevo pochado.

4 RACIONES – PREPARACIÓN: 20 MINUTOS
COCCIÓN: 40 MINUTOS

200 g de farro semiperlado
500 g de alcachofas de Jerusalén, limpias pero sin pelar, en cuartos
2 cucharadas de aceite de oliva
50 g de hojas de espinacas baby
1 cebolla roja pequeña, cortada fina
50 g de avellanas, tostadas y troceadas
4 huevos camperos medianos
1 cucharadita de copos de guindilla roja seca, para espolvorear
sal y pimienta negra recién molida

Para el aliño
zumo de ½ limón
2 cucharadas de vinagre de sidra
50 ml de aceite de oliva virgen extra
2 cucharaditas de semillas de cilantro, machacadas con la mano de mortero

1. Ponga el farro en una cazuela mediana y cúbralo con 5 cm de agua. Llévelo a ebullición, baje la potencia y siga cociéndolo a fuego lento unos 30 minutos hasta que quede tierno. Escúrralo y resérvelo.

2. Mientras, precaliente el horno a 200 °C/ventilador 180 °C/potencia de gas 6. Ponga las alcachofas de Jerusalén en una bandeja, rocíelas con el aceite de oliva y salpimiéntelas. Áselas durante unos 30 minutos o hasta que estén listas.

3. Prepare el aliño mezclando el zumo de limón, el vinagre, el aceite y las semillas de cilantro, y viértalo sobre el farro cocido. Añada las espinacas, la cebolla y la mitad de las avellanas. Termine añadiendo las alcachofas de Jerusalén .

4. Lleve a ebullición una olla ancha con agua. Poche los huevos en el agua un par de minutos hasta que cuajen (dos huevos a la vez; véase cómo pochar un huevo en la página 26).

5. Rectifique la sal si hace falta. Sirva la ensalada tibia, con los huevos, el resto de las avellanas y los copos de guindilla por encima.

PATATAS

DAUPHINOISE CON GRUYER Y TOMILLO

Las adaptaciones creativas dan lugar a variaciones interesantes, pero algunas recetas no precisan de modificación alguna; la repetición es la clave. Aquí proponemos todo un clásico a base de patatas, tomillo, ajo y una cantidad saludable de nata, que puede tomarse simplemente acompañado de una ensalada verde.

8 RACIONES – PREPARACIÓN: 20 MINUTOS (MÁS 10 DE REPOSO)
COCCIÓN: 1 HORA 40 MINUTOS

300 ml de nata doble
300 ml de leche semidesnatada
3 dientes de ajo grandes, picados
las hojas de 4 ramitas de tomillo
mantequilla, para engrasar
1 kg de patatas harinosas, peladas y en rodajas de 3-4 mm (o todo lo finas posible)
2 cebollas, partidas por la mitad y en rodajas finas
40 g de queso gruyer, rallado fino
sal y pimienta negra recién molida

fuente para horno de 2 l de capacidad

1. Precaliente el horno a 180 °C/ventilador 160 °C/potencia de gas 4. Caliente la nata, la leche, el ajo y el tomillo en una cazuelita. Deje cocer todo uno o dos minutos para que el ajo aromatice la nata. Retírelo del fuego y déjelo templar.

2. Mientras, suba la potencia del horno a 200 °C/ventilador 180 °C/potencia de gas 6, y ponga una rejilla a media altura.

3. Unte la fuente con la mantequilla. Disponga una capa de patata y cebolla en el fondo. Salpimiéntela y siga formando capas con el resto de las patatas y las cebollas. Poco a poco, vierta encima la mezcla de leche y nata con ajo, de modo que vaya impregnando la capa y quede absorbida antes de añadir más. Salpimiente todo de nuevo.

4. Eche el queso gruyer rallado por encima y algunas hojas más de tomillo. Hornee entre 1 hora y 20 minutos y 1 hora y 30 minutos o hasta que la patata pueda cortarse como si fuera mantequilla.

5. Deje reposar las patatas al menos 10 minutos antes de servir: así, podrán asentarse y tendrán mejor sabor.

¡truco! *El horno debe estar a la temperatura adecuada antes de meter las patatas, por eso hay que precalentarlo a 180 °C antes de aumentar a 200 °C.*

PATATAS

HASSELBACK CON ROMERO

Las patatas son un alimento insuperable durante todo el año: reconfortantes, modestas, fáciles de conseguir y de preparar. Si desea variar las recetas habituales, pruebe esta y conseguirá un sencillo pero sorprendente plato. El consejo que debe recordar es que cuanto más finas sean las patatas, más crujientes quedarán.

8 RACIONES – PREPARACIÓN: 20 MINUTOS
COCCIÓN: 1 HORA 10 MINUTOS

40 g de mantequilla, derretida
3 cucharadas de aceite de oliva virgen extra
8-10 patatas harinosas grandes
2 cebollas pequeñas, cortadas en gajos
sal marina, para sazonar
2 tallos de romero
sal y pimienta negra recién molida

fuente para horno de 22 cm

1 Precaliente el horno a 200 °C/ventilador 180 °C/ potencia de gas 6. Mezcle la mantequilla derretida con el aceite y utilice una parte para untar generosamente la fuente para el horno.

2 Sin pelarlas, corte rodajas de patatas lo más finas posible, pero sin llegar a cortarlas por completo y que pierdan su forma. Un buen consejo es atravesar la base de la patata con un pincho para evitar que el cuchillo corte hasta abajo.

3 Ponga las patatas en la fuente y disponga los trozos de cebolla a su alrededor. Bañe el plato con gran parte de lo que quede de mantequilla y aceite, procurando que penetre entre las láminas de patata. Sazone todo generosamente.

4 Ase las patatas en el horno 50 minutos. Luego, retírelas y píntelas con el resto de aceite y mantequilla. Eche por encima las hojas de romero y salpimiéntelo todo bien. Vuelva a meterlo en el horno unos 20 minutos más, o hasta que las patatas queden bien cocidas por dentro y crujientes por fuera.

CURRY DE

PATATA

Mi hermano James afirma que lo que define a un verdadero cocinero es la capacidad para preparar un curry desde cero. Las versiones caseras requieren un especiero bien surtido, pero una vez se tiene uno, no hay excusa para volver a las versiones ya preparadas de los supermercados. Un consejo: elabore el plato con una o dos horas de antelación y recaliéntelo: así, el sabor se intensifica.

6 RACIONES – PREPARACIÓN: 20 MINUTOS
COCCIÓN: 40 MINUTOS

10 patatas nuevas, para hervir, en trozos del tamaño de un bocado
2 cucharadas de aceite de oliva
2 cucharaditas de semillas de mostaza
1 cucharadita de semillas de hinojo
2 cebollas medianas, troceadas
1 cucharadita de cilantro molido
1 cucharadita de guindilla roja en polvo
1 cucharadita de cúrcuma
1 cucharadita de garam masala
1 guindilla roja grande (o pequeña, si lo desea más picante), sin semillas y troceada pequeña
un puñado de hojas de cilantro, para decorar
sal y pimienta negra recién molida

Para la salsa de tomate
4 tomates grandes
un trozo de 7 cm de raíz de jengibre, pelado y troceado
1 cucharada de concentrado de tomate
8 dientes de ajo

1. Disponga las patatas en una cazuela grande y cúbralas con agua fría. Llévelas a ebullición a fuego medio y déjelas cocer 12-14 minutos o hasta que queden tiernas y se corten bien con un cuchillo.

2. Prepare la salsa de tomate. Quite las semillas de los tomates (córtelos por la mitad y retírelas con una cucharilla; una de postre es la mejor herramienta para ello) y trocéelos. Triture el tomate troceado, el jengibre, el concentrado de tomate y el ajo hasta obtener una salsa fresca y brillante.

3. Caliente el aceite de oliva en una sartén grande a fuego medio. Añada las semillas de mostaza y de hinojo y fríalas 1-2 minutos hasta que empiecen a saltar. Incorpore la cebolla y siga sofriendo 3-4 minutos hasta que se ablande y se dore ligeramente. Agregue entonces el cilantro, la guindilla en polvo, la cúrcuma, el garam masala y la guindilla.

4. Incorpore las patatas y remúevalas con la mezcla de especias. Siga cociendo durante 2-3 minutos más.

5. Añada la salsa de tomate y gengibre y déjelo cocer 15-20 minutos, hasta que se integren bien los ingredientes. Sazone y sirva. Decore el plato con cilantro fresco.

ENSALADA SUNSHINE DE

PATATA

He aquí una versión más sofisticada y ligera de la socorrida ensalada de patata. La combinación de crema agria, limón y mayonesa forma la base del aliño, al cual aportan mucho sabor las alcaparras y el eneldo. Sírvala en cualquier momento que haga calor y sea temporada de patatas nuevas.

4 RACIONES – PREPARACIÓN: 25 MINUTOS
COCCIÓN: 15 MINUTOS

500 g de patatas baby nuevas
zumo y raspadura de 2 limones no encerados
125 ml de crema agria
2 cucharadas de mayonesa
½ cucharadita de mostaza en polvo
½ cebolla roja, picada fina
2 cucharadas de alcaparras picadas
4 cucharadas de hojas de eneldo picadas, y un poco más para decorar
80 g de brotes de guisantes
sal y pimienta negra recién molida

1 Corte las patatas más grandes por la mitad y dispóngalas en una olla mediana con agua fría. Llévelas a ebullición y déjelas cocer 10-12 minutos hasta que queden tiernas. Escúrralas y viértalas en un cuenco grande. Déjelas templar unos minutos.

2 Añada el zumo y la raspadura de limón, la crema agria y la mayonesa. Mezcle bien todo. Luego agregue la mostaza en polvo, la cebolla roja, las alcaparras y el eneldo, y mezcle todos los ingredientes. Salpimiéntelo.

3 Con cuidado, incorpore a la ensalada los brotes de guisantes. Decore el plato con abundante pimienta negra y unas cuantas hojas de eneldo.

TRIÁNGULOS DE PASTA FILO CON

BONIATO

Y QUESO DE CABRA

El boniato, crudo, hervido, asado o relleno, es uno de los mayores placeres que ofrece el otoño. Aquí se sirve con berenjena asada y queso fresco de cabra, todo dentro de un crujiente triángulo de pasta filo.

6 TRIÁNGULOS GRANDES – PREPARACIÓN: 35 MINUTOS
COCCIÓN: 45 MINUTOS

500 g de boniatos, pelados y troceados en dados de 2-3 cm
1 cucharadita de pimentón ahumado
1 cucharada de aceite de oliva, y un poco más para pintar
1 berenjena grande (de unos 300 g), cortada en 20-24 rodajas de 5 mm
125 g de garbanzos en conserva escurridos
raspadura de 1 limón no encerado

Para los triángulos
3 láminas de pasta filo, de un mínimo de 40 × 15 cm
50 g de mantequilla, derretida
100 g de queso de cabra fresco, en 6 rodajas

1 Precaliente el horno a 200 °C/ventilador 180 °C/ potencia de gas 6. Ponga los boniatos en una fuente para el horno formando una sola capa, espolvoree por encima el pimentón y eche un chorrito de aceite de oliva. Áselos 20 minutos hasta que queden tiernos (es una buena manera de conservar el sabor y extraer parte de la humedad).

2 Pinte las rodajas de berenjena con aceite de oliva por ambos lados y fríalas a fuego alto hasta que se curven los bordes y queden bien cocidas. Resérvelas.

3 Retire los boniatos del horno y póngalos en un cuenco. Cháfelos hasta que pierdan cualquier forma de dado e incorpore los garbanzos y la raspadura de limón.

¡truco! *Si la pasta filo no es lo bastante larga, simplemente una dos láminas y séllelas con mantequilla derretida.*

4 Corte horizontalmente las láminas de pasta filo por la mitad para obtener dos rectángulos, y píntelas con la mantequilla derretida. Cubra el resto de la pasta con un papel de cocina húmedo para mantenerla fresca.

5 Ponga una sexta parte de la mezcla de boniatos en la lámina de pasta. Encima, coloque 3-4 rodajas de berenjena y una de queso de cabra. Doble la esquina inferior hasta que toque la superior e inicie la forma del triángulo. Luego pliegue la parte inferior de la pasta hacia arriba para sellar el relleno en el interior y complete el triángulo doblando de nuevo en la dirección opuesta. Siga doblando hasta llegar arriba y píntelo con más mantequilla. Repita con el resto de láminas hasta utilizar todo el relleno.

6 Coloque los triángulos sobre una fuente para el horno y áselos 20 minutos, hasta que se doren.

ÑOQUIS DE

BONIATO

CON MANTEQUILLA PICANTE DE SALVIA

Es un placer, y más fácil de lo que imagina, preparar estas almohadillas dulces y suaves. Este plato será muy bien acogido tanto por los niños como por los adultos invitados a la cena.

4 RACIONES – PREPARACIÓN: 30 MINUTOS
COCCIÓN: 30 MINUTOS

1 patata grande (de unos 400 g)
1 boniato grande (de unos 400 g)
200 g de harina de fuerza
1 yema de huevo campero mediano
½ cucharadita de sal y una pizca de pimienta negra
harina, para espolvorear
un cuenco de agua helada
50 g de mantequilla sin sal
5 hojas de salvia, picadas
queso parmesano, para servir

1. Pele y corte la patata en trozos de 2-3 cm, y el boniato en pedazos algo más grandes para que ambos ingredientes se cuezan en el mismo tiempo. Póngalos a cocer al vapor unos 20 minutos hasta que se corten con facilidad: esta cocción es la más efectiva, ya que se absorbe muy poca agua.

2. Deje templar la patata y el boniato antes de chafarlos. Tamice la harina sobre este puré e incorpórela al mismo. Añada la yema de huevo, sal y pimienta, y siga trabajando la masa. Incorpore más harina si es necesario, pero no siga agregando cuando la masa ya esté bien ligada.

3. Reserve la masa mientras limpia la superficie de trabajo y la espolvorea con harina. Divida la masa más o menos en tres partes y forme una especie de salchicha larga con cada una. Córtela en trozos de 3 cm con un cuchillo enharinado. Ponga los ñoquis acabados en una bandeja espolvoreada con harina.

4. Lleve a ebullición una cazuela grande con agua salada, luego baje el fuego y vierta en el agua la mitad de los ñoquis. Remueva y espere a que floten pasados 2-3 minutos: esto significa que están cocidos. Retírelos con una espumadera y páselos enseguida a un cuenco con agua helada para detener la cocción. Repítalo con el resto de los ñoquis.

5. Caliente la mantequilla en una sartén grande y añada la salvia picada. Sofríala uno o dos minutos antes de echar los ñoquis cocidos. Recúbralos con la mantequilla aromatizada, ralle queso parmesano por encima y emplátelos. Cómalos enseguida, con una buena pizca de sal.

¡truco! *Si corta todos los ñoquis del mismo tamaño, se cocerán por igual.*

BONIATOS

RELLENOS DE JUDÍAS BLANCAS, HOJAS VERDES Y ACEITUNAS NEGRAS

Uno de los mejores regalos que nos ha hecho la naturaleza fue crear una variedad dulce de patata etiquetada como «saludable». En casa solemos tomar los boniatos sólos o con mantequilla salada, pero el relleno rápido y fresco que propone esta receta eleva el plato a la categoría de ideal para servirlo a sus invitados.

4 RACIONES – PREPARACIÓN: 15 MINUTOS
COCCIÓN: 50 MINUTOS

4 boniatos grandes, lavados
aceite de oliva, para pintar los boniatos
40 g de mantequilla
2 dientes de ajo grandes, picados
una pizca de copos de guindilla
75 g de aceitunas negras
400 g de judías en conserva, escurridas y lavadas
150 g de hojas verdes de temporada, en tiritas finas
zumo y raspadura de 1 limón grande no encerado
sal y pimienta negra recién molida
nata fresca para cocinar, para servir

1 Precaliente el horno a 180 °C/ventilador 160 °C/potencia de gas 4. Unte los boniatos con un poco de aceite de oliva, dispóngalos en una fuente para el horno y áselos 45-50 minutos hasta que la piel se hinche un poco y la pulpa esté tierna.

2 Unos 15 minutos antes de que los boniatos estén listos, empiece a preparar el relleno. Funda la mantequilla en una sartén alta (o una cazuela poco honda con tapa), añada los dientes de ajo y los copos de guindilla y fríalos 1-2 minutos a fuego medio hasta que el ajo desprenda su aroma. Añada las aceitunas y las judías y remueva todo. Para terminar, incorpore las hojas verdes. Tape la cazuela y deje cocer, removiendo de vez en cuando, 5-6 minutos.

3 Retire la tapa, rocíelos con el zumo de limón recién exprimido e incorpore la raspadura.

4 Corte los boniatos asados por la mitad a lo largo y pellizque los extremos hacia arriba para darles forma de barca. Rellénelos con el preparado al aroma de limón y mantequilla. Salpimiéntelos y sírvalos con una cucharada de nata fresca.

PURÉ DE

COLINABO

CON MANTEQUILLA Y SALVIA

Colinabo, nabicol o rutabaga. Llámesele como se le llame, es la misma hortaliza: con un atractivo tono verde morado y una dulce pulpa de color naranja, es ideal para cocer al vapor, hacer purés o asarla. En mi familia nos gusta completar una guarnición de patatas asadas con un poco de puré de colinabo. No nos parece que el plato esté completo sin él.

4 RACIONES COMO GUARNICIÓN
PREPARACIÓN: 12 MINUTOS
COCCIÓN: 25 MINUTOS

1 colinabo grande, pelado y troceado
50 g de mantequilla con sal, en dados
10-12 hojas de salvia, troceadas
sal marina y pimienta negra recién molida

1. Lleve una cazuela llena de agua con sal a ebullición y, cuando hierva, añada el colinabo. Déjelo cocer 20 minutos hasta que quede muy tierno. Escúrralo bien en un colador y páselo por la trituradora. Hágalo puré, pero sin pasarlo demasiado: no se trata de conseguir un potito.

2. Eche el puré de colinabo en un bol e incorpore 30 g de la mantequilla, que debería derretirse con el calor del puré. Salpimiéntelo.

3. Caliente el resto de la mantequilla en una cacerola pequeña. Cuando esté caliente, eche las hojas de salvia y fríalas hasta que queden crujientes y cojan un color verde oscuro. Échelas con cuidado por encima del puré y sírvalo.

ENSALADA DE

BONIATO

CON JENGIBRE Y MANZANA

El boniato es rico en antioxidantes y fibra y, combinado con el jengibre y la manzana, forma esta saludable ensalada. Corte el boniato en juliana con un cubierto específico para este fin, y si no dispone de él, utilice el rallador.

6 RACIONES – PREPARACIÓN: 10-15 MINUTOS, CON UN ROBOT DE COCINA
COCCIÓN: 2-3 MINUTOS

2 boniatos (unos 400 g), pelados
2 manzanas verdes crujientes, limpias y con piel
3 ramas de apio, en rodajas finas
4 cucharadas de perejil picado
50 g de pipas peladas de calabaza
50 g de pipas peladas de girasol

Para el aliño
un trozo de 8 cm de jengibre fresco, pelado
zumo y raspadura de 1 limón sin encerar
1 cucharadita de azúcar caster
2 cucharadas de vinagre de sidra
3 cucharadas de aceite de oliva virgen
sal y pimienta negra

1. Esta es una ensalada sencilla, pero requiere un poco de concentración a la hora de cortar los ingredientes. Corte el boniato en finas tiras con un cortador para juliana, el accesorio indicado del robot de cocina o un rallador manual. Haga lo mismo con las manzanas. Mezcle el boniato, las manzanas, el apio y el perejil en un bol grande.

2. Tueste las pipas de calabaza y de girasol en una sartén a fuego alto, vigilándolas, ya que se queman con facilidad.

3. Para el aliño, ralle el jengibre finamente en un cuenco. Añada la raspadura y el zumo de limón, el azúcar, el vinagre y el aceite de oliva. Agregue una pizca de sal y unos granos de pimienta negra chafados. Mezcle bien, añada la mitad de las pipas y remueva la ensalada. Sírvala con el resto de las pipas tostadas por encima.

¡truco! *Si desea una ensalada más consistente, añada uno o dos puñados de arroz hervido.*

TUBÉRCULOS

ASADOS

Ya lo sé: esta receta no se elabora estrictamente con una sola hortaliza, pero un popurrí de raíces vegetales se presta a un asado en compañía. Las raíces son lo bastante duras para soportar el calor del horno y su caramelización le aporta sabor. Este puede ser un plato fácil para el invierno si nota que precisa vitaminas. Si no, puede servirse como guarnición.

6 RACIONES – PREPARACIÓN: 20 MINUTOS
COCCIÓN: 45-50 MINUTOS

1 nabo, limpio y cortado en gajos
4 remolachas crudas, peladas y en gajos
3 chirivías, limpias y cortadas en cuartos a lo largo
6 zanahorias jóvenes, limpias y cortadas en tercios si son grandes
3 cucharadas de aceite de oliva
unas ramitas de tomillo
sal y pimienta negra recién molida

1 Precaliente el horno a 200 °C/ventilador 180 °C/ potencia de gas 6. Disponga las hortalizas sobre una fuente para el horno (o dos si son necesarias). Rocíelas con aceite y remuévalas hasta que queden bien untadas de aceite. Puede dejarlas así preparadas con hasta una hora de antelación.

2 Añada las ramitas de tomillo a las hortalizas y áselas en el horno 45-50 minutos hasta que queden tiernas y empiecen a caramelizarse. Salpimiéntelas y sírvalas.

¡trucos!

- *Disponga las hortalizas en una sola capa: el objetivo es que se asen, no que se cuezan al vapor.*
- *No les dé la vuelta muchas veces: una sola a media cocción suele bastar.*
- *Las hierbas aromáticas más resistentes —romero, salvia y tomillo— aguantan la cocción en el horno, pero las más delicadas —como el perejil, el cilantro o el cebollino— deben añadirse después.*

variación

- *Experimente con diferentes especias, pero lo mejor es que se ciña a un sólo tipo en lugar de utilizar una mezcla de sabores. Como norma general, una cucharadita o dos son suficientes.*
- *Si no dispone de las hortalizas citadas aquí, utilice los tubérculos que tenga a mano.*

ROSTI DE

COLINABO

Y TOMILLO CON HUEVOS POCHADOS Y SALSA HOLANDESA

Mi pareja es originaria de las Islas Feroe, que se hallan a una corta distancia en avión de Escocia, a medio camino entre Noruega e Islandia. El duro clima obliga a que la dieta sea rica en carne y pescado, dado que gran parte de las hortalizas no sobreviven a la falta de sol. Los tubérculos, en cambio, crecen bien. Esta receta me recuerda los días pasados en las islas buscando frailecillos atlánticos, pescando y disfrutando de los días de 24 horas de luz.

4 ROSTI – PREPARACIÓN: 15 MINUTOS
COCCIÓN: 25 MINUTOS

½ colinabo (unos 300 g), pelado y en trozos de 7-8 cm
1 patata mediana (de unos 250 g), pelada y partida por la mitad
2 cucharadas de hojas de tomillo
2 cucharadas de harina
una nuez grande de mantequilla
aceite o mantequilla, para cocinar
4 huevos camperos medianos
sal y pimienta negra recién molida
cebollino picado, para decorar

Para la salsa holandesa
2 yemas de huevos camperos grandes
1 cucharada de zumo de limón
125 g de mantequilla con sal, en dados

1 Precaliente el horno a 110 °C/ventilador 90 °C/ potencia ¼ de gas. Lo utilizará para mantener el rosti y los platos calientes.

2 Lleve a ebullición un cazo pequeño con agua y eche el colinabo y la patata. Déjelos cocer 12-14 minutos hasta que queden blandos. Escúrralos y déjelos templar para poder rallar las hortalizas sin quemarse. Pase el colinabo y la patata por el lado grueso del rallador. Con cuidado, mezcle bien el colinabo, la patata, el tomillo y la harina en un cuenco grande. Salpimiéntelos.

3 Caliente la mantequilla en una sartén grande y forme cuatro hamburguesas con la mezcla. Fríalas 3-4 minutos por cada lado hasta que queden doradas y crujientes, presionándolas ligeramente al cocerlas. Ponga el rosti en una bandeja para el horno y métala en el horno precalentado para que no se enfríe.

4 Para la salsa holandesa, ponga un cuenco pequeño de cristal sobre una cazuela pequeña llena de agua hirviendo y eche las yemas de huevo, el zumo de limón y una cucharada de agua fría al cuenco; mientras, derrita la mantequilla en otra sartén y manténgala caliente.
A medida que el agua empiece a hervir, remueva las yemas hasta que queden pálidas y esponjosas. No deje de batir, si no la mezcla se cuajará. Retire el cuenco del calor y, lentamente, vierta en él la mantequilla derretida hasta que se integre y se forme una salsa cremosa. Pruebe y rectifique la sazón o añada más zumo de limón si es necesario.

5 Para terminar, justo antes de servir, poche los huevos. Cada cual tiene su propia versión de este proceso: esta es la mía. Llene de agua una cazuela mediana y llévela a ebullición. Con una cuchara, remuévala para formar un remolino, y luego rompa un huevo en el centro. Déjelo cocer unos 2 minutos, retírelo del agua y escúrralo sobre papel de cocina. (Puede hacer este paso con antelación y luego sumergir los huevos en agua caliente para calentarlos.)

6 Para servirlo, ponga el rosti en un platito calentado. Encima, disponga un huevo pochado y vierta un poco de la salsa holandesa caliente. Decórelo con pimienta negra y cebollino.

PASTEL DE

CHIRIVÍAS

CON ALMÍBAR

La chirivía tiene un sabor dulce y orgánico, similar al de la zanahoria (pertenece a la misma familia), y ofrece dulzura y jugosidad. Una vez cocinada, puede ser difícil de detectar, algo que he comprobado de primera mano con invitados que han elogiado el pastel «normal» antes de saber que contenía algún ingrediente poco habitual.

8-10 RACIONES – PREPARACIÓN: 30 MINUTOS
COCCIÓN: 55 MINUTOS

225 ml de aceite de girasol
150 g de azúcar moreno
3 huevos camperos medianos, batidos ligeramente
60 g de jarabe de azúcar invertido
3 chirivías, peladas y ralladas (225 g peladas)
250 g de harina leudante
1 cucharadita de canela

Para la cobertura
50 g de mantequilla sin sal, ablandada
100 g de queso crema
150 g de azúcar glas tamizado

60 g de pecanas enteras, para decorar
molde de 900 g (23 × 13 × 7 cm)

1. Precaliente el horno a 180 °C/ventilador 160 °C/ potencia de gas 4. Engrase el molde y cúbralo con papel vegetal.

2. En un bol grande eche el aceite, el azúcar, los huevos y el jarabe de azúcar invertido. Bátalos suavemente con una cuchara de madera antes de añadir la chirivía rallada.

3. Remueva la harina y la canela para mezclarlas bien; procure no removerlas demasiado para evitar que el pastel se endurezca. Vierta la mezcla en el molde preparado e inclínelo ligeramente para nivelar el contenido.

4. Hornéelo entre 50 y 55 minutos hasta que la superficie del pastel quede firme y, si lo presiona suavemente, vuelva a levantarse. Retírelo del horno y déjelo templar antes de pasarlo a una rejilla.

5. Para elaborar la cobertura, bata la mantequilla ablandada y el queso crema en un bol mediano con una cuchara de madera o una batidora. La mezcla debe quedar muy suave, pues si hay grumos, se verán al cubrir el pastel. Añada lentamente el azúcar glas tamizado. Unte la cobertura sobre el pastel una vez frío y decórelo con las pecanas enteras.

CUPCAKES DE

APIO NABO

Y JENGIBRE CON CREMA DE MANTEQUILLA AL LIMÓN

Algunos ingredientes roban el sabor de otros y lo absorben, pero también son necesarios para aportar textura y cuerpo. Otros proporcionan intensidad y sabor, incluso en pequeñas cantidades. El apio nabo y el jengibre pertenecen a la segunda categoría. El primero es un ingrediente dominante en este plato mientras que el segundo aporta pinceladas de sabor. Esta receta ha sido elaborada por las magníficas chicas de House of Cuckoo, que tienen la desconcertante habilidad de combinar sabores y hacer que hasta los pasteles de verduras sean sexis.

16 CUPCAKES – PREPARACIÓN: 20 MINUTOS
COCCIÓN: 25 MINUTOS

200 g de harina blanca
½ cucharadita de levadura en polvo
½ cucharadita de bicarbonato
½ cucharadita de sal
2 cucharaditas de jengibre molido
3 huevos camperos medianos, a temperatura ambiente
200 g de azúcar caster
200 ml de aceite vegetal o de colza
2 cucharaditas de extracto de vainilla de calidad
250 g de apio nabo fresco rallado

Para la crema de limón
80 g de mantequilla sin sal, a temperatura ambiente
250 g de azúcar glas tamizado
1 cucharadita de extracto de vainilla
raspadura de 1 limón sin encerar
¼ cucharadita de sal fina
2 cucharadas de leche, o la suficiente para que la cobertura tenga consistencia
raspadura de 1 limón sin encerar, para decorar

1 Precaliente el horno a 180 °C/ventilador 160 °C/ potencia de gas 4. Cubra dos bandejas para magdalenas con moldes de papel. Añada la harina, la levadura en polvo, el bicarbonato, la sal y el jengibre en un bol grande y resérvelo.

2 Bata los huevos, el azúcar, el aceite y la vainilla a velocidad media hasta obtener una mezcla homogénea. Reduzca la velocidad de la batidora y añada el apio nabo rallado. A continuación, vierta la mezcla de la harina hasta ligarlo todo.

3 Rellene cada molde alrededor de dos tercios. Parecerá que no hay suficiente masa, pero¡ no se preocupe! Hornee entre 20 y 25 minutos o hasta que, al pinchar en el centro de las magdalenas, el palillo salga limpio. Déjelas templar sobre una rejilla 10 minutos y, a continuación, desmóldelas y deje que se enfríen por completo antes de añadirles la cobertura.

4 Para la cobertura, triture la mantequilla hasta que quede ligera y esponjosa, y vaya añadiendo el azúcar glas. Una vez esté todo mezclado y, con la velocidad al mínimo, añada la vainilla, la raspadura de limón, la sal y la leche. Debe obtener una consistencia cremosa y espesa. Bata la mezcla a velocidad media-alta durante 2 o 3 minutos más. La cobertura debe quedar muy ligera y esponjosa.

5 Una vez frías, añada la crema de mantequilla por encima de las magdalenas con una manga pastelera y corónelas con la raspadura de limón.

¡truco! *Para obtener unas magdalenas planas, métalas en el horno precalentado inmediatamente. Si desea que queden abultadas, deje reposar la masa en los moldes entre 10 y 20 minutos antes de cocerlas.*

SALSA DE

APIO NABO

EN PAN IRLANDÉS DE CHIRIVÍA

Quizá el apio nabo y la chirivía no sean los tubérculos con mejor pinta, pero compensan su apariencia con su sabor. Ambos tubérculos están emparentados y complementan sus sabores terrosos e inconfundibles. Esta receta combina apio nabo recién rallado con una mahonesa intensa y lo envuelve todo con pan irlandés recién hecho.

4 RACIONES – PREPARACIÓN: 45 MINUTOS
COCCIÓN: 40 MINUTOS

1 apio nabo pequeño, pelado y cortado fino
1 cucharada de hojas picadas de eneldo fresco
1 diente de ajo
sal y pimienta negra recién molida
gajos de limón, para servir

Para la mahonesa
2 yemas de huevos camperos
2 cucharadas de zumo de limón
200 ml de aceite de oliva suave
1 cucharada de mostaza de grano entero

Para el pan irlandés de chirivía
500 g de harina integral, y un poco más para espolvorear
2 cucharaditas de bicarbonato
1 cucharadita de sal marina
175 g de chirivías, peladas y ralladas
100 g de queso cheddar curado, rallado
400 g de suero de leche
leche (opcional)
mantequilla, para servir

1. Para hacer el pan irlandés, precaliente el horno a 200 °C/ventilador 180 °C/potencia de gas 6. Tamice la harina y el bicarbonato en un bol grande y mézclelos con la sal, las chirivías y el queso cheddar.

2. Forme un hoyo en el centro de la mezcla de harina y vierta el suero de leche, sin dejar de mezclarlo todo. Si es necesario, añada una cucharada o dos de leche para ligar la mezcla; debe formar una masa suave, de modo que quede pegajosa por un lado. Dele forma de círculo y, con el asa de una cuchara de madera enharinada, marque una cruz en la superficie. Colóquelo en una bandeja de horno y hornéelo durante 45 minutos.

3. Para la mahonesa, bata las yemas y el zumo de limón con una cuchara de madera en un bol mediano. Añada el aceite poco a poco, sin dejar de batir. La mezcla quedará espesa y cremosa. Mézclela con la mostaza y alíñela.

4. Eche el apio nabo en la mahonesa y mézclelo a conciencia. Añada el eneldo y condimente bien la mezcla.

5. Corte el pan irlandés mientras todavía esté caliente y frótelo generosamente con un diente de ajo y mantequilla. Añádale un montoncito de salsa de apio nabo y sírvalo con una rodaja de limón. Esta receta debe consumirse al momento, antes de que la salsa se endurezca y quede pegajosa.

¡truco! *La mahonesa es bastante difícil de preparar. Si empieza a cortarse, intente añadir una o dos gotas de agua caliente. Si esto no funciona, empiécela de nuevo con otra yema. Vierta lentamente la mezcla «cortada» en la nueva. ¡Es su segunda oportunidad para conseguir una buena mahonesa!*

PASTEL DE

VERDURAS

CON PURÉ DE AJO

Esta receta es ideal para toda la familia y para cualquier edad. Si lo desea, puede prepararla con antelación y congelarla, pues se calienta en un momento cuando quiera consumirla. Sólo hace falta un horno caliente y una mesa llena de personas hambrientas (véase la imagen de las páginas 32-33).

8-10 RACIONES – PREPARACIÓN: 30 MINUTOS
COCCIÓN: 1 HORA 40 MINUTOS

2 chirivías pequeñas, bien limpias
200 g de colinabo (alrededor de ¼), pelado y cortado en trozos de 1 cm
3 zanahorias medianas, cortadas en trozos de 1 cm
300 g de apio nabo (alrededor de ½), pelado y cortado en dados de 1 cm
1-2 cucharadas de aceite de oliva
1 cucharadita de romero picado bien fino
1 cucharadita de macis
sal y pimienta negra recién molida

Para la salsa
1 cebolla, cortada en juliana
1 cucharadita de aceite de oliva
1 cucharadita de orégano seco
1 cucharadita de tomillo seco
250 ml de vino tinto
1 cucharada de vinagre balsámico
2 latas de 400 g de lentejas verdes, escurridas
500 ml de salsa de tomate de buena calidad

Para el puré de ajo
1,5 kg de patatas, peladas y cortadas en rodajas gruesas
3 dientes de ajo grandes
3 cucharadas de nata fresca entera para cocinar
3 cucharadas de queso Red Leicester rallado

fuente para horno de 2 l de capacidad

1 Precaliente el horno a 200 °C/ventilador 180 °C/ potencia de gas 6.

2 Corte las chirivías en tiras con un pelador y añádalas al colinabo, las zanahorias y el apio nabo (las tiras ofrecen un bonito contraste de tamaños y formas con el resto de las verduras). Colóquelas en dos fuentes para horno y alíñelas con una o dos cucharadas de aceite de oliva. Espolvoree romero y macis por encima y hornéelas durante 25 minutos, removiéndolas pasados unos 12 minutos.

3 Mientras tanto, prepare la salsa. Sofría la cebolla en un poco de aceite durante un minuto o dos. Espolvoréela con orégano y tomillo por encima y siga friéndola hasta que empiece a dorarse. Vierta el vino tinto y deje que la mezcla hierva a fuego lento hasta que reduzca a la mitad.

4 Añada el vinagre, las lentejas y el tomate a la cazuela. Remuévalo todo y tápelo. Déjelo cociendo a fuego lento durante 25 minutos, removiéndolo de vez en cuando. Retírelo del fuego y eche las verduras asadas en la salsa de tomate con lentejas. Alíñelo bien.

5 Mientras tanto, llene una olla grande de agua fría hasta la mitad. Añada las patatas y los dientes de ajo y llévelos a ebullición. Déjelos cocer entre 15 y 20 minutos a fuego lento hasta que pueda cortar las patatas como si fueran mantequilla. Escúrralo todo y mézclelo bien con la nata.

6 Vierta el relleno de lentejas en un recipiente de 2 litros de capacidad y eche el puré por encima. Corónelo con el queso y hornéelo otros 30-35 minutos a 180 °C/ ventilador 160 °C/potencia de gas 4.

HAMBURGUESAS DE

ZANAHORIA

GARBANZOS Y PIMENTÓN

La clave de estas hamburguesas es la harina de garbanzos, básica en la cocina india, que integra el resto de ingredientes. Deje reposar la mezcla unos minutos antes de freírla, para que las hamburguesas queden más compactas.

10 HAMBURGUESAS – PREPARACIÓN: 30 MINUTOS
COCCIÓN: 25 MINUTOS

1 cucharada de aceite de oliva
1 cebolla roja, picada
2 dientes de ajo, laminados
1 cucharadita de comino molido
1 cucharadita de pimentón ahumado
400 g de garbanzos, escurridos
60 g de albaricoques deshidratados, troceados
1 cucharadita de sal
1 huevo campero mediano
3 cucharadas de cilantro, picado fino
5 cucharadas de harina de garbanzos
2 zanahorias, ralladas
aceite vegetal, para pintar
salsa de tomate fresco, para servir (véase abajo el truco)
un puñado de hojas de rúcula, para servir

1 Caliente el aceite de oliva en una sartén de base gruesa a fuego medio. Añada la cebolla roja y sofríala unos 2 minutos antes de añadir el ajo y las especias. Siga cociéndolo todo otro minuto hasta que la cebolla adquiera el color de las especias tostadas.

2 Triture la mezcla de cebolla especiada, los garbanzos, los albaricoques, la sal y el huevo hasta conseguir una masa. Viértala en un bol antes de añadir el cilantro, la harina de garbanzos y las zanahorias ralladas. Deje reposar la mezcla 5 minutos; la harina empezará a empaparse de los jugos y aportará consistencia. Con las manos húmedas, dele forma a la masa y haga diez hamburguesas.

3 Pinte cada hamburguesa con un poco de aceite y colóquelas en una sartén o barbacoa (es posible que deba hacerlas por tandas). Áselas entre 4 y 5 minutos por cada lado sin moverlas. Baje el fuego (o coloque las hamburguesas en una zona más fría de la barbacoa) hasta que queden bien hechas.

4 Sírvalas con la salsa de tomate y las hojas de rúcula por encima.

¡truco! *Haga una salsa rápida con tomates bien maduros cortados en trocitos, el zumo de una lima, una cebolla roja pequeña picada y un poco de perejil fresco picado. Sírvala junto a las hamburguesas.*

SOPA DE

ZANAHORIAS

Y JENGIBRE CON PIPAS PELADAS DE CALABAZA

Con zanahorias y especias, intenso jengibre y nata fresca, esta sopa es el bálsamo perfecto para un día lluvioso y frío.

4 RACIONES – PREPARACIÓN: 20 MINUTOS
COCCIÓN: 50 MINUTOS

2 cucharadas de aceite de oliva
1 cebolla, picada
4 dientes de ajo, picados
½ cucharadita de cúrcuma
1 cucharadita de comino molido
una pizca de cayena
un trozo de 1 cm de jengibre fresco, pelado y picado
700 g de zanahorias, cortadas en rodajas de 2,5 cm
1 patata blanca grande, pelada y en dados
1 l de caldo vegetal
sal y pimienta negra recién molida

Para el acabado
aceite, para freír
2 cucharadas de pipas peladas de calabaza
½ cucharadita de sal
4 cucharadas de nata fresca para cocinar
2 cucharadas de cilantro troceado

1 Caliente el aceite en una cazuela grande y de base gruesa, y fría la cebolla hasta que quede blanda, entre 3 y 4 minutos. Añada el ajo, la cúrcuma, el comino, la cayena y el jengibre, y siga cociéndolo otros 3 o 4 minutos hasta que las especias desprendan su magnífico aroma y el ajo se ablande.

2 Agregue las zanahorias y la patata. Baje el fuego para cocer tapadas las verduras durante 20 minutos. Retire la tapa y remueva de vez en cuando para evitar que la sopa se pegue. Vierta el caldo y siga cociéndolo todo, destapado, otros 20 minutos.

3 Triture la sopa en pequeñas cantidades hasta que quede suave. Alíñela bien y resérvela.

4 Para terminar, caliente un poco de aceite en una sartén. Añada las pipas de calabaza y fríalas hasta tostarlas, sacudiéndolas de vez en cuando. Sálelas. Para servir la sopa, espolvoree por encima las pipas de calabaza, unas gotas de nata fresca para cocinar y un poco de cilantro picado.

ZANAHORIAS

ASADAS CON NUECES, PEREJIL Y GRANADA

Opino que nunca se prepara ensalada de más; siempre puede consumirse al día siguiente. Este plato es fácil de elaborar, lo difícil son los detalles. Compre zanahorias jóvenes, saben mejor, y no tenga prisa en tostar las nueces; añadirán otra dimensión al sabor.

4 RACIONES – PREPARACIÓN: 15 MINUTOS
COCCIÓN: 25 MINUTOS

600 g de zanahorias jóvenes, lavadas y cortadas en trozos de entre 2 y 5 cm
1 cucharada de aceite de oliva
1 cucharadita de zumaque
100 g de nueces, picadas
1 ramita de perejil, picado
1 granada, desgranada

Para la vinagreta
2 cucharaditas de miel líquida
raspadura de 1 limón sin encerar
2 cucharadas de vinagre de vino tinto

1 Precaliente el horno a 200 °C/ventilador 180 °C/ potencia de gas 6. Ponga las zanahorias en una bandeja de horno grande, en una capa uniforme. Rocíelas con aceite de oliva, espolvoree el zumaque por encima y revuélvalo todo a conciencia. Hornee durante 20 minutos o hasta que las zanahorias empiecen a caramelizarse. Añada las nueces a la bandeja y deje todo 5 minutos más en el horno.

2 Mientras tanto, elabore la vinagreta mezclando la miel en un frasco de mermelada con la raspadura de limón y el vinagre de vino tinto. Cierre la tapa y agite el frasco durante unos segundos.

3 Retire las nueces y las zanahorias del horno y mézclelas con el perejil y los granos de granada. Vierta la vinagreta por encima y mézclelo todo bien antes de servirlo en un bol.

TARTA DE ZANAHORIA NAVIDEÑA

Si, como yo, siente el deber de hacer algún postre navideño durante las fiestas, existe una solución. Elija una receta de tarta de zanahoria tradicional, añádale fruta en abundancia y hornéela. Las cantidades de tarta y de fruta deben ser equivalentes. Hornee la tarta hasta que quede firme, cúbrala con mazapán y cobertura blanca ya hecha, que puede comprar en las tiendas. Decórela. Doy fe de que se prepara en una tarde con la ayuda de un pinche de un año de edad.

SALE UNA TARTA DE 8 CM DE GROSOR Y 20 CM DE DIÁMETRO
PREPARACIÓN: 45 MINUTOS – COCCIÓN: 1 HORA 15 MINUTOS

225 g de mantequilla sin sal, ablandada
225 g de azúcar moreno
4 huevos camperos medianos, batidos
200 g de zanahorias, pasadas por un rallador grueso
450 g de mezcla de frutas deshidratadas
225 g de harina leudante
1 cucharadita de levadura en polvo
1 cucharadita de canela
1 cucharadita de mezcla de especias
una pizca de sal

Para la cobertura
2 cucharadas de glaseado de albaricoque, calentado
azúcar glas, para espolvorear
450 g de mazapán dorado
450 g de cobertura blanca lista para usar
pintura comestible, para decorar

molde desmontable de 20 × 8 cm

1. Precaliente el horno a 170 °C/ventilador 150 °C/ potencia de gas 3 ½. Forre el molde con papel vegetal.

2. Mezcle la mantequilla y el azúcar en un bol hasta obtener una crema pálida y esponjosa. Añada los huevos, uno a uno, mezclando bien después de cada incorporación. Agregue la zanahoria rallada y la fruta deshidratada, mezclándolas bien para que los ingredientes queden repartidos de manera uniforme.

3. Tamice la harina, la levadura en polvo, la canela, la mezcla de especias y la sal en un bol, y añada la mitad a la masa de tarta. Remueva hasta que quede bien mezclado y, a continuación, añada la otra mitad.

4. Con una cuchara, eche la masa en el molde. Hornéela entre 70 y 75 minutos, hasta que quede esponjosa al tacto y, al pincharla en el centro con un palillo, este salga limpio. Déjela templar 10 minutos y, a continuación, desmóldela y deje que termine de enfriarse sobre una rejilla.

5. Para añadir el mazapán, coloque la tarta en una tabla. Mezcle el glaseado calentado con una cucharada de agua caliente y pinte la tarta con la mezcla. En una superficie espolvoreada con azúcar glas, desenrolle el mazapán formando un círculo un poco más grande que la tarta. Levante el mazapán por encima de la tarta y colóquelo de manera que encaje suavemente a su alrededor. Retire el que sobre y pinte el mazapán con un poco de agua.

6. En una superficie espolvoreada con azúcar glas, desenrolle la cobertura blanca hasta formar un círculo grande. Levante la cobertura por encima de la tarta y colóquela de manera que encaje suavemente a su alrededor. Retire la parte que sobre. Échese azúcar glas en las manos y «limpie» la superficie de la cobertura suavemente con la base del pulgar para aplanar posibles arrugas. Pinte la superficie de la tarta como desee con pintura comestible.

¡truco! *Glaseada, esta tarta se conserva 3-4 semanas.*

PUDIN DE

REMOLACHA

CEBOLLINOS Y CAMEMBERT

Este pudin salado se parece a una quiche o a un pan (ilustrado en las páginas 40-41).

6 RACIONES – PREPARACIÓN: 20 MINUTOS
COCCIÓN: 20 MINUTOS

mantequilla ablandada, para engrasar
1 o 2 remolachas pequeñas crudas (unos 125 g)
5 huevos camperos medianos
400 ml de leche semidesnatada
3 cucharadas de cebollino picado, y algo más para el acabado
150 g de pan blanco, sin corteza, en dados de 1,5 a 2 cm
125 g de queso camembert, en lonchas finas
sal y pimienta negra recién molida

6 moldes de 200 ml o una fuente para horno de 2 l de capacidad

1 Precaliente el horno a 180 °C/ventilador 160 °C/ potencia de gas 4 y engrase el interior de los moldes con un poco de mantequilla.

2 A continuación, prepare la remolacha. Este es un paso algo pringoso, así que puede usar guantes de goma para evitar mancharse las manos. Ralle la remolacha con un rallador grueso. Resérvela.

3 En un bol mediano, bata los huevos, la leche y el cebollino con un tenedor. Alíñelo todo bien. Eche el pan troceado en el bol y remuévalo para mezclarlo. Deje reposar la mezcla entre 2 y 3 minutos.

4 Con una cuchara grande, eche la mezcla de pan en los moldes de modo que queden llenos hasta la mitad. Divida la remolacha rallada y las lonchas de camembert encima del molde con el pan y coróneló con unas cucharadas de la mezcla de pan y huevo hasta que estén llenos. Termínelo con un poco más de cebollino y una buena pizca de pimienta negra molida.

5 Hornéelos 20 minutos, retírelos del horno y sírvalos de inmediato mientras todavía están un poco hinchados.

QUINOA DE

REMOLACHA

ASADA CON PIÑONES

El objetivo de esta receta era crear una versión vegetariana de un plato principal sustancioso sin queso. Creo que lo conseguí: se trata de una interesante combinación de ingredientes que, en lugar de patatas, lleva quinoa, rica en proteínas.

6 RACIONES – PREPARACIÓN: 20 MINUTOS
COCCIÓN: 50 MINUTOS

750 g de remolacha cruda (alrededor de 4)
2 cucharadas de aceite de oliva
8 dientes de ajo, laminados
1 racimo de cebolletas (5-6), cortadas finas y en diagonal
2 cucharaditas de orégano seco
200 g de quinoa
1 l de caldo vegetal caliente
50 g de piñones
sal y pimienta negra recién molida
hojas de rúcula frescas, para servir
yogur griego, para servir

fuente para horno de 2 l de capacidad

1 Precaliente el horno a 200 °C/ventilador 180 °C/ potencia de gas 6. A continuación, prepare la remolacha. Este es un paso algo pringoso, así que puede usar guantes de goma para evitar mancharse las manos. Pele y corte cada remolacha en trozos finos y échelos en una bandeja de horno. Condiméntelos bien, alíñelos con el aceite de oliva y hornéelos durante 10 minutos antes de añadir el ajo, las cebolletas y el orégano.

2 Mientras tanto, eche la quinoa en una cazuela mediana. Vierta el caldo caliente por encima y cuézala a fuego medio durante 12 minutos. La quinoa no se terminará de cocer en este paso ni tampoco absorberá todo el caldo.

3 Pase la remolacha medio asada a la fuente. Añada la quinoa, esparza los piñones por la superficie y meta la fuente en el centro del horno sobre una bandeja (para facilitar retirarla cuando esté caliente). Hornee entre 25 y 30 minutos. Sírvalo con hojas de rúcula y una buena cucharada de yogur griego.

TARTALETAS DE

REMOLACHA

PEREJIL Y CREMA AGRIA

Brighton está lleno de cafeterías únicas. A los cinco minutos de salir de casa ya estoy abrumada con tanta oferta y me cuesta decidir dónde tomar mi capuchino. Actualmente, mi cafetería favorita, ubicada en North Laines, es Nest, donde sirven unas atrevidas tartas de remolacha y pasta filo. Me encantan. Tanto que he creado mi propia versión, ¡así que ahora ni siquiera tengo que salir de casa!

8 TARTALETAS MINI – PREPARACIÓN: 30 MINUTOS
COCCIÓN: 20 MINUTOS

250 g de remolacha cruda, pelada y cortada en trozos de 2,5 cm
2 huevos camperos grandes, batidos
50 ml de crema agria
100 g de queso de cabra suave, desmenuzado
2 cucharadas de perejil picado, y un poco más para decorar
4 hojas de pasta filo
30 g de mantequilla, derretida
sal y pimienta negra recién molida

1 Precaliente el horno a 190 °C/ventilador 170 °C/ potencia de gas 5. Asegúrese de tener un molde para magdalenas antiadherente.

2 Para elaborar el relleno, triture los trozos de remolacha hasta que queden del tamaño de granos de arroz.

3 Vierta esta mezcla de colorido espectacular en un bol, añada los huevos batidos, la crema agria, la mitad del queso de cabra y el perejil. Alíñelo todo bien.

4 Para hacer las tartaletas de pasta, corte las hojas de pasta filo en cuadrados de 10 × 10 cm. En total necesitará treinta y dos cuadrados, cuatro para cada tartaleta.

5 Coloque una hoja de pasta filo en la superficie de trabajo y píntela con mantequilla. Ponga una segunda hoja de pasta filo encima, en un ángulo ligeramente distinto, de manera que no cubra la primera por completo y empiece a formar una estrella. Úntela con mantequilla y coloque sobre ella la tercera hoja; realice el mismo proceso con la cuarta. Levante la estrella de pasta filo de cuatro hojas con un cuchillo y métala en el centro de uno de los moldes. Repita lo mismo con todos los cuadrados de pasta filo hasta obtener ocho tartaletas.

6 A continuación, con una cuchara, introduzca la misma cantidad de relleno en cada tartaleta y corónelas con el queso de cabra restante. Hornéelas entre 18 y 20 minutos, hasta que el relleno cuaje y la pasta se dore. Retírelas del horno y espolvoree perejil fresco por encima. Sírvalas calientes, templadas o frías, como prefiera.

¡truco! *Congele cualquier resto de pasta filo, bien envuelto, hasta que lo necesite. Puede hacer sencillos canapés: sólo tiene que pintar la pasta con mantequilla, enrollarla en forma de pajita, espolvorear queso parmesano por encima y hornearla a 180 °C hasta que se dore.*

BROWNIES DE

REMOLACHA

Y CAFÉ

La intensidad del brownie es tal que puede hacer frente a intrusos poco ortodoxos sin problemas. Tanto la remolacha como el café hacen que esta combinación tan especial funcione; es amarga, pero no demasiado; rica, pero no en su detrimento; y resulta estimulante, ¡cortesía del café!

16 BROWNIES – PREPARACIÓN: 25 MINUTOS
COCCIÓN: 30-35 MINUTOS

200 g de remolacha cruda (alrededor de 2)
250 g de chocolate negro (70 % de cacao)
200 g de mantequilla sin sal
2 cucharaditas colmadas de granos de café instantáneo
400 g de azúcar caster
4 huevos camperos medianos, batidos
50 g de cacao en polvo
50 g de harina blanca
una pizca de sal

molde cuadrado de 20 cm con lados de 4 cm

1 Precaliente el horno a 180 °C/ventilador 160 °C/ potencia de gas 4. Forre el molde con papel vegetal.

2 A continuación, prepare la remolacha. Este es un paso algo pringoso, así que puede usar guantes de goma para evitar mancharse las manos. Pele y ralle la remolacha por el lado fino de un rallador de cuatro lados.

3 Derrita el chocolate, la mantequilla y el café a fuego lento en una cazuela grande de base gruesa. Retírelo del fuego y añada la remolacha, el azúcar caster y los huevos batidos. Remuévalo antes de añadir el cacao en polvo, la harina y la sal. Mézclelo bien.

4 Vierta la mezcla en el molde preparado y hornéela entre 30 y 35 minutos hasta que esté cocida. Recuerde que con los brownies es fácil pasarse de cocción. La superficie debe quedar seca y presentar un tono marrón más pálido, mientras que el centro tiene que quedar oscuro, denso, pegajoso y ligeramente firme. Deje enfriar por completo en el molde antes de cortar, pues seguirá cociéndose hasta que esté frío. Sírvalo con un café potente.

QUERIDAS LILIÁCEAS

Cebollas, ajo y puerros no son las hortalizas más espectaculares, pero sin duda merecen un capítulo propio. Las considero las damas de honor del mundo vegetal, a las cuales rara vez se les concede la importancia y la categoría de las novias y a las que se viste con poca gracia, pero que lucen mucho si se les otorga tiempo, protagonismo e imaginación.

ACORDEÓN DE PAN DE

AJO

Y MANTEQUILLA

El pan siempre se hace con la idea de compartirlo, y esta receta es perfecta para ello. Un consejo: no se preocupe si el pan presenta un aspecto desaliñado al meterlo en el molde; se arreglará sólo en el horno.

1 BARRA – PREPARACIÓN: 30 MINUTOS, MÁS 2 HORAS PARA LEUDAR
COCCIÓN: 30 MINUTOS

1 cucharadita de azúcar caster
7 g de levadura seca de acción rápida
400 g de harina blanca para pan
1 cucharadita de sal
1 huevo batido, para pintar

Para la mantequilla de ajo
75 g de mantequilla, ablandada
3 cucharadas de perejil de hoja plana, picado
10 dientes de ajo, picados
30 g de queso parmesano, rallado fino

molde de 900 g (22 × 11 × 6,5 cm)

1 Ponga el azúcar, la levadura y 250 ml de agua tibia en un cuenco pequeño y déjelos reposar 5 minutos o hasta que se empiecen a formar burbujitas en la superficie.

2 Mezcle la harina y la sal en un cuenco grande y forme un hoyo en el centro. Vierta la mezcla de levadura y remueva bien. Pase la masa a una superficie enharinada y trabájela 10 minutos hasta que se vuelva suave y elástica.

3 Cubra la masa con papel de film untado con aceite y déjela leudar en un lugar cálido 1 o 2 horas, hasta que doble su tamaño.

4 Mientras, prepare la mantequilla de ajo mezclando la mantequilla, el perejil, el ajo y la mitad del parmesano en un cuenco pequeño. Resérvela.

5 Cuando la masa haya subido, pásela a la superficie de trabajo y trabájela un minuto más. Extiéndala hasta formar un rectángulo grande, de unos 50 × 20 cm. Puede tardar unos minutos en conseguirlo. Unte el rectángulo con la mantequilla de ajo y dóblelo por la mitad a lo largo, dejando la mantequilla dentro.

6 Corte la masa en ocho trozos finos (las tijeras van muy bien para hacerlo) y dispóngalos doblados espalda con espalda en el centro del molde. No se preocupe si le parece que el acordeón ocupa poco espacio: crecerá dejando la segunda fermentación y, de nuevo, al cocerlo.

7 Cubra el molde con la masa con un trapo de cocina y deje leudar de nuevo, de 45 minutos a 1 hora.

8 Precaliente el horno a 200 °C/ventilador 180 °C/ potencia de gas 6. Pinte el acordeón con el huevo batido y espolvoree el resto de parmesano por encima. Hornéelo 15 minutos. Baje el fuego a 180 °C/ventilador 160 °C/ potencia de gas 4, y hornéelo 15 minutos más. Retírelo del molde y déjelo templar unos minutos antes de servirlo.

ESTOFADO DE

AJO

Y ALUBIAS BLANCAS CON GREMOLATA

Inspirada en el caldo gallego, esta receta es rica y sencilla. El ajo es la estrella, pero no se asuste: los dientes de ajo se ablandan con una cocción dilatada y aportan un suave sabor de fondo a las alubias. Recomiendo servirlo con salsa gremolata recién hecha, pero pruébelo con yogur natural o pesto, si lo prefiere.

4 RACIONES – PREPARACIÓN: 15 MINUTOS
COCCIÓN: 40 MINUTOS

20 dientes de ajo (unas 2 cabezas)
25 g de mantequilla con sal
2 ramas de apio, cortado en rodajitas
2 ramas de tomillo
200 ml de vino blanco
400 g de alubias cannellini cocidas, escurridas
400 g de alubias blancas cocidas, escurridas
2 hojas de laurel
250 ml de caldo vegetal
75 g de hojas de espinacas tiernas
3 cucharadas de nata fresca para cocinar

Para la salsa gremolata
2 cucharadas de perejil, picado
1 diente de ajo grande, picado
zumo y raspadura de 2 limones sin encerar

1. Ponga los dientes de ajo con piel en un cuenco mediano. Vierta agua hirviendo encima, unos 300 ml, y déjelos 2 minutos. Retire los dientes del agua, y reserve la misma. Cuando los ajos estén templados, quíteles la piel y córtelos a lo largo por la mitad.

2. Derrita la mantequilla en una cazuela de base gruesa a fuego lento. Añada los dientes de ajo, el apio y el tomillo, y deje cocer a fuego lento 3-4 minutos, vigilando el sofrito para que no tome color. Añada el vino y suba el fuego para que burbujee y se reduzca a la mitad.

3. Incorpore las alubias, el laurel, el caldo y el agua de los ajos a la cazuela. Baje la potencia y deje cocer a fuego muy lento 30 minutos, hasta que la salsa se espese y reduzca. Utilice un majador para chafar parte de la mezcla y obtener así una salsa más espesa. Incorpore las espinacas justo antes de servir el plato y deje que se pongan mustias con el calor del estofado.

4. Mientras, prepare la gremolata mezclando el perejil, el ajo picado y el zumo y la raspadura de los dos limones.

5. Cuando las alubias estén tiernas, retire la cazuela del fuego. Incorpore la nata fresca y salpimiéntelas. Sirva el estofado en platos hondos con una cucharada de gremolata por encima.

ENSALADA DE ARROZ NEGRO CON

CEBOLLETAS

Y MANGO

Antiguamente, el arroz negro, también conocido en China como «arroz prohibido», se consideraba tan beneficioso nutricionalmente, por su alto aporte de antioxidantes y hierro, que sólo se cocinaba para los emperadores. Hoy en día, es más fácil de conseguir, y conserva la misma apariencia y textura suntuosas. En esta receta se sirve junto a un mango dorado, una selección de hierbas aromáticas y un aliño intenso de soja: una ensalada de lo más bonita.

3-4 RACIONES – PREPARACIÓN: 20 MINUTOS
COCCIÓN: 40 MINUTOS

150 g de arroz negro
6 cebolletas, cortadas finas
1 mango grande, pelado y cortado en trozos de 1 a 2 cm
4 cucharadas de cilantro fresco, picado
4 cucharadas de menta fresca, picada
raspadura de 1 lima grande sin encerar

Para el aliño
2 cucharadas de salsa de soja oscura
zumo de 1 lima
un trozo de 5 cm de jengibre, pelado y rallado fino, con su jugo
una pizca de sal
una pizca de azúcar

1 Ponga el arroz en un colador pequeño y lávelo bajo el grifo hasta que el agua salga transparente. Échelo luego a una cazuela pequeña y añada 450 ml de agua fría. Llévelo a ebullición y déjelo cocer a fuego lento más tiempo de lo habitual, alrededor de 35 minutos, hasta que quede tierno. Escúrralo y páselo por un chorro de agua fría.

2 Para elaborar el aliño, mezcle todos los ingredientes en un bol. Pruébelo y rectifique la sazón a su gusto, añadiendo un poco más de azúcar, sal o raspadura de lima según convenga.

3 En un bol grande mezcle el arroz negro, las cebolletas (reserve unas cuantas para la guarnición), el mango, las hierbas aromáticas picadas, la raspadura de lima y el aliño. Sírvalo decorado con unas cuantas cebolletas verdes.

TARTA DE

CHALOTA

ASADA CON ROMERO Y REQUESÓN

Las chalotas alargadas, a diferencia de las redondas, son más grandes, de entre 8 y 10 cm de largo, aparte de más fáciles de pelar y manipular, y ofrecen un sabor delicado, ideal para convertirlas en el ingrediente principal de esta sencilla tarta.

8 RACIONES – PREPARACIÓN: 1 HORA
COCCIÓN: 1 HORA Y 15 MINUTOS

Para la pasta
200 g de harina blanca
una pizca generosa de sal
100 g de mantequilla con sal fría, cortada en dados
30 g de queso parmesano
1 yema de huevo campero mediano, batida

Para la tarta
600 g de chalotas alargadas, cortadas en cuartos longitudinalmente
1 cucharada de aceite de oliva
unos brotes de romero, las hojas picadas finas
2 cucharaditas de azúcar moreno
250 g de ricotta
3 huevos camperos medianos, ligeramente batidos
50 g de nata fresca para cocinar
50 g de queso gruyer, rallado fino
sal y granos de pimienta negra machacados

molde cuadrado de 21 cm o redondo de 23 cm

1. Para elaborar la pasta, eche la harina y la sal en un bol grande. Añada la mantequilla y, con los dedos, frote esta con la harina hasta obtener una textura granulada. Incorpore el parmesano y frote de nuevo hasta integrar el queso en la mezcla.

2. Agregue la yema batida y dos cucharadas de agua fría; remueva la masa con una espátula o un cuchillo de hoja roma, añadiendo otra cucharada de agua si queda demasiado seca. Recoja la masa con las manos y amásela brevemente antes de envolverla en papel film y reservarla en el frigorífico.

3. Para hacer la tarta, precaliente el horno a 200 °C/ventilador 180 °C/potencia de gas 6. En una superficie ligeramente enharinada, desenrolle la masa de modo que tenga un grosor de unos 3 cm y alinee el molde lo más cuidadosamente posible. Recorte los bordes y, a continuación, pinche la base con un tenedor y métala de nuevo en el frigorífico otros 20 minutos: esto evita que se achique al introducirla en el horno.

4. Aliñe las chalotas con aceite de oliva y la mitad del romero. Espolvoree azúcar moreno por encima y hornéelas 25 minutos, removiéndolas un poco pasados unos 12 minutos. Retire las chalotas y reduzca la temperatura del horno a 180 °C/ventilador 160 °C/potencia de gas 4.

5. Saque la masa del frigorífico, cúbrala con papel vegetal y llénela de bolas de cerámica para hornear. Hornee la masa sin el relleno durante 25 minutos, retirando el papel y las bolas los últimos 5 minutos de cocción.

6. En un bol grande, bata la ricotta, los huevos, la nata fresca para cocinar y el gruyer. Añada dos tercios de las cebollas asadas, reservando unas cuantas para decorar la tarta. Remueva los ingredientes de manera que las chalotas queden tapadas, alíñelos y vierta la mezcla en la masa precocinada. Corónela con las chalotas reservadas, el romero restante y pimienta negra en abundancia. Cuézalo durante 25 minutos hasta que el relleno se hinche y sea firme al tacto.

CEBOLLAS

ASADAS CON AGUACATE Y PAN DE CENTENO

Fuimos a pasar un fin de semana a Copenhague con unos amigos y comimos el mejor pan de centeno que habíamos probado en nuestra vida. Este pan danés, ingrediente principal de muchas fiambreras y smørrebrød, está elaborado con grano de centeno. El pan es rico y más contundente de lo que uno se imagina, característica ideal para elaborar bocadillos. Una rebanada de pan de centeno con cremoso aguacate y cebolla sofrita a fuego lento es un almuerzo perfecto.

2 RACIONES – PREPARACIÓN: 10 MINUTOS
COCCIÓN: 5 MINUTOS

1 cucharada de aceite de oliva
1 cebolla roja, cortada en juliana
1 aguacate maduro, cortado fino
zumo de ½ lima
½ guindilla roja, sin pepitas y picada fina
½ cucharada de cilantro picado, más unas hojas para la guarnición
¼ de cucharadita de sal marina
pimienta negra recién molida
3 rebanadas pequeñas de pan de centeno
1 diente de ajo, cortado por la mitad

1 Caliente el aceite en una sartén grande y eche la cebolla. Fríala entre 6 y 7 minutos a fuego medio, removiéndola con frecuencia hasta que empiece a quedar crujiente y a dorarse. No la retire antes de tiempo; un toque crujiente añadirá una textura exquisita al plato.

2 Mientras la cebolla se sofríe, eche el aguacate en un bol con el zumo de media lima, la guindilla y el cilantro. Macháquelo suavemente con un tenedor y salpimiéntelo.

3 Tueste o ase las rebanadas de pan de centeno justo antes de servir el plato. Frote las rebanadas con medio diente de ajo y úntelas con la mezcla de aguacate. Añada la cebolla crujiente por encima con una cuchara, y corónelo con una o dos hojas de cilantro. Sírvalo inmediatamente.

ARROZ Y LENTEJAS LIBANESAS CON

CEBOLLA

CRUJIENTE

Esta receta es sorprendente: una sabrosa comida casera de Oriente Medio llena de nutrientes. Las lentejas se echan al arroz con cebollas caramelizadas y especias, y, para darles acidez, se les añade un poco de menta fresca y limón. Debe servirse con un yogur consistente y pan naan caliente.

4 RACIONES – PREPARACIÓN: 25 MINUTOS
COCCIÓN: 1 HORA

200 g de lentejas verdinas secas
1 cucharada de aceite vegetal
1 cucharadita de semillas de comino
½ cucharadita de pimienta negra machacada
3 cebollas, cortadas en juliana
100 g de arroz basmati
1 rama de canela
½ cucharadita de pimienta de Jamaica molida
2 vainas de cardamomo
600 ml de caldo vegetal caliente

Para el aliño
2 cucharadas de menta picada, y un poco más para la guarnición
zumo de 3 limones
100 ml de aceite de oliva virgen extra
3 dientes de ajo, picados

1 Lave las lentejas bajo el grifo y échelas a una cazuela pequeña. Cúbralas generosamente con agua fría y llévelas a ebullición. Reduzca la temperatura y déjelas hervir a fuego lento durante 20 minutos hasta que estén bien hechas sin llegar a convertirse en puré.

2 Mientras, en una olla de base gruesa, caliente el aceite vegetal a fuego lento. Añada las semillas de comino y la pimienta y fríalas durante un minuto o dos antes de añadir las cebollas. Sofríalas entre 15 y 20 minutos hasta que queden doradas y empiecen a quemarse por los bordes. Retire una tercera parte de las cebollas y resérvelas para la guarnición.

3 Añada el arroz, la rama de canela, la pimienta y el cardamomo a las cebollas. Cuézalo todo uno o dos minutos más antes de añadir el caldo. Hierva el arroz durante 5 minutos antes de añadir las lentejas. En este momento, el líquido tiene que haberse absorbido por completo. Apague el fuego y deje reposar todo 5 minutos.

4 Mientras tanto, elabore el aliño combinando todos los ingredientes en un tarro y agítelo hasta que queden bien mezclados; a continuación, aliñe el arroz y las lentejas. Sírvalos en un bol caliente y decórelos con las cebollas restantes y un poco de menta fresca picada.

CEBOLLA DULCE

CON PAN DE MAÍZ

Si hay una verdura universal, sencilla y asequible, ésa es la cebolla, extremadamente versátil y que fácilmente puede convertirse en la estrella del plato. En esta receta, las cebollas se cuecen lentamente con una gran variedad de sabores sudamericanos —cacao, chile, frijoles negros y maíz dulce— y se acompañan con pan de maíz recién hecho. Sírvalo con crema agria y lima fresca para obtener el plato único perfecto.

6 RACIONES – PREPARACIÓN: 25 MINUTOS
COCCIÓN: 1 HORA

2 cucharadas de aceite vegetal
2 cebollas blancas, en juliana
2 cebollas rojas, en juliana
1 pimiento verde, picado
2 dientes de ajo, laminados finos
1 cucharadita de orégano seco
1 cucharadita de comino molido
1 cucharadita de chile en polvo
1 cucharada de cacao en polvo
2 cucharadas de concentrado de tomate
1 lata de 400 g de tomates troceados
1 lata de 400 g de frijoles negros, escurridos
1 lata de 200 g de maíz dulce, escurrido
sal y pimienta negra recién molida

Para el pan de maíz
250 ml de leche
2 huevos camperos medianos, batidos ligeramente
1 chile verde, picado fino
50 g de harina de fuerza o harina para pan
120 g de polenta
1 cucharada de azúcar caster
2 cucharaditas de levadura en polvo
1 cucharadita de cilantro molido

crema agria, para servir
50 g de queso cheddar, rallado, para servir

fuente para horno de 2 l de capacidad

1 Caliente el aceite en un cazo grande. Añada las cebollas y el pimiento verde, y fríalos a fuego medio hasta que empiecen a ablandarse. Siga cociéndolos a fuego lento unos 10 minutos más, hasta que queden tiernos y un poco viscosos. Añada el ajo, el orégano, el comino y el chile. Suba el fuego ligeramente y eche el cacao en polvo y el concentrado de tomate. Finalmente, añada los tomates troceados y 150 ml de agua. Alíñelo bien, cúbralo con una tapa y déjelo hervir a fuego lento durante 15 minutos, removiendo a menudo.

2 Precaliente el horno a 180 °C/ventilador 180 °C/ potencia de gas 4. Para elaborar el pan de maíz, bata la leche y los huevos en un bol grande y añada el chile. En otro bol combine la harina, la polenta, el azúcar, la levadura en polvo y el cilantro, y mézclelos bien. Amalgame los ingredientes secos con los húmedos y remuévalos. Esta mezcla tendrá una consistencia bastante líquida en este punto pero se espesará en el horno.

3 Añada los frijoles negros y el maíz dulce a la mezcla de tomate y remuévalo todo para combinarlo. Si es necesario, añada un poco más de agua para que la consistencia sea similar a la de la salsa boloñesa. Vierta la mezcla en una fuente de dos litros de capacidad. Con una cuchara, eche la mezcla de polenta: esta debe quedar encima, sin filtrarse hacia dentro.

4 Hornéelo durante 25 minutos hasta que la superficie de polenta se asiente. Sírvalo con crema agria y queso cheddar.

TRIGO BULGUR CON

CEBOLLA ROJA

ASADA, HALLOUMI Y PESTO DE AJO Y MELAZA

El ajo asado suave, combinado con la agridulce melaza, los piñones tostados y el parmesano es un lujo que combina con cualquier pesto. Prepárelo con halloumi salado frito y una ensalada de trigo bulgur, y tendrá una cena maravillosa en la mesa.

4 RACIONES – PREPARACIÓN: 25 MINUTOS – COCCIÓN: 35 MINUTOS

Para la ensalada de trigo bulgur

1 cucharada de aceite de oliva
2 cebollas rojas grandes o 3 cebollas pequeñas, cortadas en cuartos
4 dientes de ajo, laminados finos
1 cucharadita de canela
550 ml de caldo vegetal caliente
175 g de trigo bulgur
3 cucharadas de perejil, picado
250 g de queso halloumi, cortado en lonchas gruesas

Para el pesto

3 cabezas de ajo
100 g de piñones, asados
1 cucharada de melaza negra
una buena pizca de sal marina
50 g de queso parmesano, rallado muy fino
80-90 ml de aceite de oliva

1. Lo primero es elaborar el pesto. Puede prepararlo entre 2 y 3 días antes de servir el plato. El truco es acordarse de hacerlo mientras tiene el horno encendido para otra cosa (es un derroche usarlo para unas pocas cabezas de ajo). Ase las cabezas de ajo enteras, con la piel incluida a 200 °C/ventilador 180 °C/potencia de gas 6 durante 20 minutos.

2. Retírelas del horno y no las manipule hasta pasados unos minutos, cuando se hayan templado. Con los dedos, apriételas para sacar el puré asado y dulce de su interior.

3. Con la batidora, mezcle los ajos, los piñones asados, la melaza negra, la sal y el parmesano. Vaya vertiendo aceite de oliva en la mezcla, añadiendo un poco más si es necesario. Resérvelo.

4. Para elaborar la ensalada de trigo bulgur, caliente una sartén grande a fuego vivo y añada el aceite. Una vez caliente, eche las cebollas troceadas y fríalas durante un minuto o dos antes de añadir los ajos y la canela.

5. Mientras, vierta el caldo vegetal en una olla pequeña y llévelo a ebullición a fuego medio. Añada el trigo bulgur y cuézalo suavemente entre 8 y 10 minutos hasta que los granos se hinchen y estén ya listos. Retírelo del fuego y añada la mezcla de cebollas rojas y perejil.

6. Caliente la sartén vacía a fuego vivo y añada las lonchas de halloumi. Fríalas durante un minuto o dos por cada lado hasta que empiecen a quemarse. Luego retírelas de la sartén y sírvalas con un montón de trigo bulgur y una buena cucharada de pesto de ajo asado.

CESTO DE

PUERROS

CON RELLENO

Esta receta es ideal para tomar en ocasiones especiales.

6 RACIONES – PREPARACIÓN: 1 HORA - COCCIÓN: 1 HORA

4 puerros largos y finos (de unos 650 g y 30 cm de largo), cortados por la mitad longitudinalmente
2 cucharadas de aceite de oliva
1 cucharada de mostaza de Dijon
1 cucharada de queso cheddar curado, rallado fino

Para el relleno
aceite de oliva, para freír
1 cebolla grande, picada fina
3 dientes de ajo, picados finos
½ cucharadita de semillas de hinojo, machacadas
1 cucharadita de semillas de cilantro, machacadas
50 g de albaricoques deshidratados, picados
1 manzana grande, rallada
1 cucharada de vinagre de sidra
50 g de pan rallado
150 g de nata fresca para cocinar
sal y pimienta negra recién molida

Para la pasta
300 g de harina blanca
110 g de mantequilla fría, cortada en dados de 2 cm
una pizca de sal
huevo batido, para pintar

1. En primer lugar, elabore la pasta. Triture la harina, la mantequilla y la sal hasta obtener una textura granulada. Añada 2 cucharadas de agua fría, o la suficiente para ligar la masa. Recójala, envuélvala en papel film y déjela enfriar durante 15 minutos en el frigorífico.

2. Mientras, precaliente el horno a 200 °C/ventilador 180 °C/potencia de gas 6. Coloque los puerros en una bandeja de horno, alíñelos con el aceite de oliva y hornéelos durante 20 minutos. Retírelos del horno y deje que se enfríen. Reduzca la temperatura del horno a 180 °C/ventilador 160 °C/potencia de gas 4.

3. Para el relleno, caliente un poco de aceite de oliva en una sartén grande y sofría la cebolla a fuego medio. Al cabo de un minuto, añada los ajos, el hinojo y las semillas de cilantro, y siga friendo la cebolla hasta que quede tierna y transparente. Eche los albaricoques, la manzana y el vinagre y fría entre 2 y 3 minutos. En este punto, todo tiene que estar blando y húmedo. Alíñelo bien, añada el pan rallado y, a continuación, la nata fresca para cocinar. Mantenga la temperatura hasta que todos los ingredientes se integren. Sazónelos bien y déjelos templar 10 minutos.

4. Forme un rectángulo de 30 × 40 cm con la masa fría, retirando cualquier exceso, pues los márgenes deben quedar rectos. Marque dos líneas de arriba abajo de la masa para dividirla en tres rectángulos iguales. Con un cuchillo afilado, córtela horizontalmente a intervalos de aproximadamente 1,5 cm de un lado a otro, dejando el tercio central sin tocar. Está creando tiras para formar la trenza del cesto. Con cuidado, coloque la masa en una bandeja de horno.

5. A cucharadas, eche el relleno frío en el centro y disponga los puerros encima hasta que queden distribuidos de manera uniforme sobre la masa. Esparza la cucharada de mostaza de Dijon y espolvoree el queso cheddar por encima.

6. A continuación realice la trenza. Empezando por arriba, doble una de las tiras de masa sobre el relleno y, luego, tome la tira opuesta y dóblela para que se encuentren en medio. Siga bajando por el cesto, metiendo las dos últimas tiras en la base de la masa. Pinte la masa con el huevo batido antes de hornearla entre 30 y 35 minutos hasta que adquiera un bonito color dorado.

PUERROS

ASADOS CON CRUMBLE DE ESTRAGÓN

Esta receta de elaboración rápida añade al crumble, el tesoro nacional inglés, un toque salado. Los puerros, la mostaza y la salsa blanca forman una base exquisita y el crumble, con hierbas aromáticas y queso se echa por encima para absorber los jugos.

4 RACIONES – PREPARACIÓN: 20 MINUTOS
COCCIÓN: 40 MINUTOS

4 puerros, cortados en rodajas de 1-2 cm
una porción gruesa de mantequilla
1 cucharada de harina blanca
200 ml de caldo vegetal caliente
200 ml de leche semidesnatada
1 cucharada de mostaza de grano entero
sal y pimienta negra recién molida

Para el crumble
150 g de mantequilla, ablandada
300 g de harina blanca
2 cucharadas de hojas de estragón picadas
1 cucharadita de mostaza inglesa en polvo
80 g de queso cheddar rallado

fuente para horno de 1,5 l de capacidad

1. Precaliente el horno a 180 °C/ventilador 160 °C/potencia de gas 4. Eche los puerros en una olla grande con mantequilla. Cúbralos y rehóguelos a fuego medio entre 10 y 12 minutos, hasta que queden blandos y cocidos sin cambiar de color. Remuévalos de vez en cuando para evitar que se peguen.

2. Añada la harina blanca y remueva bien todo hasta que esta desaparezca. Vierta el caldo, la leche y la mostaza, alíñelo bien y déjelo hervir a fuego lento durante 5 minutos.

3. Eche los puerros cremosos en una fuente para horno de 1,5 litros de capacidad. Deje que se enfríen un poco.

4. Para hacer el crumble, frote la mantequilla ablandada con la harina hasta obtener una mezcla con textura granulada (las manos son las mejores aliadas para realizar esta tarea). Añada el estragón, la mostaza en polvo y el queso, y mézclelos bien creando pequeños grumos. Con las manos, ligue la masa ligeramente, añadiendo unas gotas de agua si es necesario. Esparza el crumble generosamente por encima de la mezcla de puerros cremosos y presiónelo con suavidad.

5. Hornéelo durante 25 minutos hasta que el crumble quede dorado y los puerros borboteen.

VAINAS Y VERDURAS DE VERANO

Este es un capítulo precioso. Las ensaladas, sopas y comidas ligeras nos motivan para reducir una talla y reservar nuestras vacaciones. Esta colección de recetas también incluye el rábano y el maíz dulce: aunque no sean verdes, son de temporada estival y anhelan un lugar en el menú. Los colores nos recuerdan que no hay sustituto para la naturaleza. Es imposible reproducir el elegante verdor de la acelga en un tejido ni esperar conseguir el rojo vivo del rábano en las paredes del comedor. Hay que contentarse con disfrutar de su brillo en el plato.

SOPA DE

LECHUGA

PETER RABBIT

Suelo pasar las tardes leyendo cuentos de Beatrix Potter y hablando sobre el jardín de Mr. McGregor con mi hijo. Le encanta imaginar un conejo tan pequeño que se pierde entre las lechugas y no puede ver la puerta del jardín. Esta sopa es tan sencilla y refrescante que puede servirse tal cual como una deliciosa comida de verano; para darle un toque más glamuroso, añádale un remolino de nata y acompáñela con unos montaditos crujientes.

SALEN 1,5 LITROS – PREPARACIÓN: 25 MINUTOS
COCCIÓN: 20 MINUTOS

1 lechuga redonda (iceberg)
3 cucharadas de mantequilla con sal
3 chalotas, cortadas finas
3 dientes de ajo grandes, laminados
400 g de guisantes finos congelados
1,5 l de caldo vegetal caliente
un manojito de hojas de menta
½ cucharadita de sal
½ cucharadita de azúcar caster
pimienta negra recién molida
pan templado untado con mantequilla, para servir

1. Separe las hojas de la lechuga y lávelas bien para eliminar cualquier resto de suciedad. Derrita la mantequilla en un cazo grande y hondo a fuego medio, y añada las chalotas y los ajos. Fríalos entre 6 y 8 minutos, hasta que las chalotas queden blandas, bajando el fuego si es necesario.

2. Cuando las chalotas estén tiernas pero no marrones, corte la lechuga y añádala a la mantequilla. Una vez lacia, eche los guisantes, el caldo y las hojas de menta, y llévelo todo a ebullición. Baje el fuego, aliñe el preparado con la sal, el azúcar y la pimienta negra y déjelo hervir a fuego lento entre 7 y 10 minutos.

3. Retire el cazo del fuego y pase la sopa por la licuadora. Con cuidado, viértala de nuevo en el cazo para volver a calentarla, rectifique la sal, el azúcar o la pimienta, y sírvala en unos boles grandes con pan templado y untado con mantequilla.

ENSALADA DE

RÚCULA

CON FRAMBUESAS Y GORGONZOLA

Comí una ensalada parecida a esta en la bonita cafetería Olympic, en Kalk Bay, donde sirven uno de los mejores cafés de Sudáfrica. No es una cafetería convencional, más bien se trata de una que mezcla el encanto rústico con un estilo envidiable. Procure disponer para el aliño de vinagre de frambuesas —es un ingrediente que merece un lugar en la despensa—, pero si no lo encuentra, utilice vinagre de vino blanco. Si es vegetariano, opte por una alternativa vegetariana al gorgonzola.

4 RACIONES – PREPARACIÓN: 20 MINUTOS
COCCIÓN: 8-10 MINUTOS

2 cucharadas de aceite de oliva
2 trozos grandes de pan integral, cortado en picatostes
½ cucharadita de sal
200 g de frambuesas, las más grandes que encuentre
70 g de rúcula silvestre
150 g de gorgonzola, en trocitos

Para el aliño
2 cucharadas de vinagre de frambuesa
1 cucharadita de mostaza de Dijon
2 cucharadas de aceite de olive virgen extra

1 Lo primero que hay que hacer es preparar los picatostes, para que no estén demasiado calientes al echarlos en la ensalada. Caliente el aceite en una sartén mediana y cuando salte un poco, añada el pan. Cuando los picatostes estén en la sartén, sálelos y fríalos hasta conseguir una textura crujiente. Sacuda la sartén para evitar freírlos más de un lado que del otro.

2 Para el aliño, vierta todos los ingredientes en un tarro y agítelo; ¡procure que no se abra el tarro o se manchará la ropa!

3 Combine las frambuesas, la rúcula y el gorgonzola en un bol y vierta el aliño. Mézclelo bien (con cuidado de no romper las hojas de la rúcula) y añada los picatostes. Sirva la ensalada haciendo un montoncito en un plato bastante grande.

CUSCÚS DE

ESPINACAS

ARÁNDANOS Y PEPINO CON HUMMUS DE LIMÓN

Atrévase con unos bonitos arándanos —combinan con este plato y añaden un sorprendente toque dulce a una tarta o una ensalada saladas. Puede sustituir el cuscús por arroz integral, quinoa o cebada para una ensalada diferente.

2-3 RACIONES – PREPARACIÓN: 25 MINUTOS
COCCIÓN: 6 MINUTOS

150 g de cuscús
250 ml de caldo vegetal caliente
50 g de espinacas de hoja joven
½ pepino, cortado en rodajas
raspadura de 2 limones sin encerar
125 g de queso de cabra tierno, desmenuzado
100 g de arándanos
1 cucharada de aceite de oliva

Para el hummus
1 lata de 400 g de garbanzos, escurridos y lavados
4 cucharadas de tajín
2 dientes de ajo pequeños
zumo de 2 limones
sal marina

1. Empiece elaborando el hummus. Triture los garbanzos con el tajín, los ajos, el zumo de los dos limones, la sal y 2 o 3 cucharadas de agua fría. Tritúrelo hasta obtener una mezcla suave, añadiendo un poco de agua para que el hummus presente la consistencia deseada. Resérvelo mientras prepara la ensalada.

2. Tueste el cuscús poniendo una sartén mediana de base gruesa a fuego medio-alto. Remueva el cuscús hasta que empiece a dorarse, durante alrededor de 4 o 5 minutos. Retírelo del fuego y añada el caldo caliente. Saldrá vapor y hervirá con fuerza. Deje que el cuscús absorba el líquido durante unos minutos, removiendo una vez o dos para asegurarse de que el caldo quede bien distribuido.

3. Eche el cuscús en un bol y añada las espinacas, el pepino, la raspadura de limón, el queso de cabra y los arándanos (reserve algunos, así como un poco de queso de cabra y raspadura de limón para la guarnición). Añada el aceite de oliva y mézclelo bien.

4. Sirva la ensalada en un plato y corónela con los arándanos, el queso de cabra y la raspadura de limón reservados. Sírvala con un bol de hummus.

BAGUETTES DE

ESPINACAS

Y LIMÓN

A veces, hacer la masa en casa es ir demasiado lejos. Esta receta es ideal para aquellos momentos en que apetece salir de picnic pero sólo se tiene la energía suficiente para ir a comprar una barra de pan. El sabor del limón combina perfectamente con las espinacas.

1 BAGUETTE – PREPARACIÓN: 15 MINUTOS
COCCIÓN: 35 MINUTOS

1 baguette
200 g de espinacas de hoja joven
200 ml de nata doble para cocinar
2 huevos camperos medianos, batidos
1 diente de ajo, machacado
raspadura de 1 limón sin encerar
1 cucharadita de mostaza inglesa
75 g de queso gruyer, rallado fino
sal y pimienta negra recién molida

1 Precaliente el horno a 180 °C/ventilador 160 °C/ potencia de gas 4. Corte la baguette por la mitad y, a continuación, corte una forma ovalada en la parte superior de cada mitad con un cuchillo afilado de pan. Retire la «tapa» y vacíe la baguette con las manos, dejando una buena cantidad de corteza; ¡deberá ser hermética!

2 Llene una pava de agua y póngala a hervir; eche las espinacas en un colador o escurridor grande. Vierta el agua por encima hasta que las hojas queden lacias y déjelas enfriar.

3 En un bol mediano, mezcle la nata doble para cocinar, los huevos, el ajo, la raspadura de limón y la mostaza. Escurra el exceso de agua de las espinacas y póngalas sobre una tabla. Córtelas y añádalas a la mezcla junto con la mitad del gruyer. Alíñelo todo bien.

4 Con una cuchara, esparza la mezcla en cada mitad de la baguette y espolvoree el queso restante por encima. Hornee entre 30 y 35 minutos hasta que el relleno se endurezca. Déjelo reposar unos minutos hasta que esté listo para servir, o espere que se enfríe por completo.

¡truco! *Es posible que su baguette sea algo más fina o gruesa que la de la fotografía; Quítele el centro e introduzca la mayor cantidad de relleno posible. ¡Hornee el sobrante en moldes para magdalenas!*

ENSALADA DE

ESPINACAS

Y NARANJA SANGUINA CON TRIGO INTEGRAL

Esta ensalada es muy adecuada durante el invierno, época de resfriados en la que la vitamina C es más necesaria que nunca. Los granos de trigo integral son robustos y sustanciosos; todo lo que requiere son ingredientes sabrosos que lo hagan destacar. A menudo, sirvo esta ensalada acompañada de pescado azul, como la caballa.

4 RACIONES – PREPARACIÓN: 25 MINUTOS
COCCIÓN: 45 MINUTOS

275 g de granos de trigo integral
70 g de espinacas de hoja joven
2 naranjas sanguinas, peladas y cortadas en rodajas
100 g de queso feta, desmenuzado

Para el aliño
2 cucharadas de aceite de oliva virgen extra
raspadura y zumo de 1 naranja sanguina
2 chalotas, picadas muy finas
1 cucharada de vinagre de sidra
2 cucharadas de hojas de eneldo, picadas finas
2 cucharadas de perejil, picado fino

1 Empiece cociendo el trigo integral. Échelo en un cazo y añada agua hasta que cubra unos 8 cm. Llévelo a ebullición. Baje el fuego y déjelo hirviendo a fuego lento, sin tapar, hasta que quede tierno pero correoso, alrededor de 45 minutos. Escúrralo en un colador y póngalo en una bandeja de horno formando una sola capa para que se enfríe.

2 Una vez frío, mézclelo con las espinacas, las naranjas sanguinas y el queso feta.

3 Elabore el aliño batiendo el aceite, la raspadura y el zumo de una naranja, las chalotas, el vinagre y las hierbas aromáticas en un bol pequeño. Vierta el aliño sobre la ensalada, sírvala y disfrute de una cena sustanciosa en un día frío.

variación

Use esta receta como punto de partida: si no encuentra trigo integral en grano, sustitúyalo por cebada perlada; y si no es temporada de naranjas sanguinas, use las normales: el plato estará igual de delicioso.

ALCACHOFA

CON LIMÓN Y MANTEQUILLA

La alcachofa es una proeza de la ingeniería natural, y su sabor es tan complejo como su apariencia. Pocas verduras, acompañadas tan sólo con mantequilla y limón, quedarán tan glamurosas en el centro de la mesa.

1 RACIÓN – PREPARACIÓN: 10 MINUTOS
COCCIÓN: 35 MINUTOS

1 alcachofa
½ limón, cortado
50 g de mantequilla, derretida

1. Retire los pétalos más pequeños de la base de la alcachofa, corte el tallo de manera que pueda apoyarlo en una superficie plana y lávela con agua fría.

2. Llene una olla de agua con sal hasta la mitad y llévela a ebullición. Añada los cortes de limón, meta la alcachofa entera y tápela. Déjela hervir entre 30 y 35 minutos (el tiempo de cocción depende del tamaño de la alcachofa; sabrá que está hecha cuando pueda sacar una hoja del centro con facilidad).

3. Para comerla, desprenda los pétalos uno a uno, y bañe el extremo blanco y carnoso en la mantequilla derretida. Con la mano, coja cada pétalo firmemente por el otro extremo, lléveselo a la boca, con el lado mojado en mantequilla hacia abajo, y tire con los dientes para comer la parte suave, pulposa y deliciosa antes de desechar el resto. ¡Siga así hasta terminar con todos los pétalos!

4. Cuando llegue a la parte velluda («las barbas»), retírela con un cuchillo o una cuchara y deseche cada trozo tras rasparlo. La parte inferior restante de la alcachofa es el corazón. Córtelo y mójelo en la mantequilla derretida. Hecho.

ENSALADA DE
ALCACHOFA
LENTEJAS DU PUY Y PIÑONES

Esta receta está lista en 15 minutos; no podría ser más sencilla. Mi consejo es que compre lentejas cocidas de buena calidad, pues son una deliciosa base para cualquier ensalada. Recomiendo lo mismo para las alcachofas. La preparación es mínima y el resultado es delicioso. Tome la ensalada caliente o fría, como más le apetezca.

2 RACIONES – PREPARACIÓN: 10 MINUTOS
COCCIÓN: 3-4 MINUTOS

40 g de piñones
200 g de corazones de alcachofa cocidos y marinados, escurridos
1 cebolla roja pequeña, picada fina
250 g de lentejas du Puy cocidas
3 cucharadas de perejil, picado

Para el aliño
1 cucharada de vinagre de sidra o vinagre de vino blanco
3 cucharadas de aceite de oliva virgen extra
¾ de cucharadita de mostaza de Dijon

1 Caliente una sartén a fuego medio y añada los piñones. Tuéstelos entre 3 y 4 minutos hasta que se asen. No tenga tentaciones de alejarse de los fogones mientras se cuecen los piñones, pues pasarán de asados a quemados en cuanto se dé la vuelta.

2 Para el aliño, vierta el vinagre, el aceite de oliva y la mostaza en un frasco de mermelada. Enrosque la tapa y agítelo enérgicamente hasta conseguir un magnífico aliño espeso. Condiméntelo al gusto.

3 Corte por la mitad los trozos grandes de los corazones de alcachofa. En un bol mediano mézclelos con la cebolla, las lentejas, el perejil y tres cuartos de los piñones. Vierta el aliño por encima y mezcle bien todos los ingredientes. Sirva la ensalada, decorada con los piñones restantes por encima.

¡truco! *Si desea aportar otra dimensión de sabor a sus corazones de alcachofa sólo tiene que hacerlos a la plancha o freírlos entre 2 y 3 minutos hasta que los pétalos exteriores empiecen a asarse.*

TARTA RÁPIDA DE

GUISANTES

LIMÓN Y MOZZARELLA

Llegar a casa y hacer esta tarta es un verdadero placer. Es muy sencilla: guisantes, ajo y ricotta untados en hojaldre y cocidos en el horno unos minutos. Si desea darle un acabado profesional, basta con un puñado de berros, menta y raspadura de limón para la guarnición.

4-6 RACIONES – PREPARACIÓN: 15 MINUTOS, 10 MINUTOS ADICIONALES PARA DESCONGELAR – COCCIÓN: 35 MINUTOS

500 g de masa de hojaldre
200 g de guisantes congelados, descongelados entre 10 y 15 minutos
3 dientes de ajo
250 g de ricotta, escurrida
1 huevo campero mediano
1 bola de mozzarella de 200 g, troceada
sal y pimienta negra recién molida
raspadura de 1 limón sin encerar, para decorar
3 cucharadas de menta fresca recién picada, para decorar
berros, para decorar

1. Precaliente el horno a 200 °C/ventilador 180 °C/ potencia de gas 6. Haga rectángulos de masa de 30 × 25 cm, deslícelos en una bandeja enharinada para hornear y colóqueles una segunda bandeja encima (que servirá de peso mientras la masa se cuece y evitará que suba demasiado).

2. Hornee la masa durante 20 minutos y retírela del horno. Si a pesar de la bandeja, la base ha subido, presione suavemente el peso para aplanarla. Déjela enfriar un minuto o dos.

3. Eche tres cuartos de los guisantes y los dientes de ajo y una o dos cucharadas de agua en una batidora y bata hasta obtener una magnífica pasta verde, cruda y brillante. En un bol aparte, mezcle la ricotta y el huevo. Añada la mezcla de guisantes verdes a la ricotta fresca y amalgámelo muy suavemente: deben quedar trozos visibles de verde y blanco.

4. Coloque la mezcla en la base de la tarta. Corónela con los guisantes enteros restantes y la mozzarella troceada. Salpiméntelo y hornéela durante 15 minutos o hasta que el requesón suba ligeramente y los bordes empiecen a dorarse.

5. Retire la tarta del horno y decórela con la raspadura de limón, la menta y los berros. Sirva de inmediato haciendo cuadrados generosos.

ÑOQUIS CON

GUISANTES

NATA FRESCA Y MENTA

Una vez leí que los ñoquis son pasta hinchada; una descripción, a mi parecer, muy acertada. Los ñoquis tienen la textura de una bola de masa hervida y aportan a las comidas un elemento reconfortante. Esta es mi cena rápida favorita y en mi casa la preparamos casi todas las semanas.

3-4 RACIONES – PREPARACIÓN: 10 MINUTOS
COCCIÓN: 30 MINUTOS

un poco de mantequilla, para engrasar
800 g de ñoquis
300 g de guisantes congelados
3 dientes de ajo, picados
un manojo de hojas de menta, picadas
300 g de nata fresca para cocinar
una buena cantidad de queso parmesano rallado
sal y pimienta negra recién molida

fuente para horno de 2 l de capacidad

1 Precaliente el horno a 200 °C/ventilador 180 °C/ potencia de gas 6. Engrase ligeramente el interior de la fuente para horno con la mantequilla.

2 Ponga a hervir un cazo grande con agua. Trabaje rápido y añada los ñoquis y los guisantes. Lleve el agua de nuevo a ebullición y déjela hervir a fuego lento durante 3 minutos, hasta que los ñoquis floten. Escúrralos de inmediato. Devuelva los ñoquis y los guisantes al cazo y añada los ajos y la menta. Vierta la nata, mezcle bien todos los ingredientes y sazónelos con pimienta negra y un poco de sal.

3 Eche el contenido del cazo en la fuente engrasada, nivelando la superficie; vierta el parmesano por encima y cuézalo, tapado, en el horno precalentado entre 20 y 25 minutos, hasta que los ñoquis aumenten un poco de tamaño. Sírvalos recién sacados del horno.

ORECCHIETTE CON

ESPÁRRAGOS

Y MASCARPONE

A menudo pienso que los mejores platos son aquellos que se elaboran con tres o cuatro ingredientes, sin ningún protagonista, y en los que todos hablan por sí mismos. Esta receta es francamente rápida, ideal para hacer entre semana, cuando sólo apetece llegar a casa y meterse en la cama.

4 RACIONES – PREPARACIÓN: 15 MINUTOS
COCCIÓN: 15 MINUTOS

una pizca de sal
400 g de orecchiette
200 g de puntas de espárrago, de 3 cm cada una
una nuez grande de mantequilla
5 dientes de ajo, picados finos
50 g de avellanas con piel, troceadas
125 g de mascarpone
sal y pimienta negra recién molida

1 Ponga a hervir una olla honda llena de agua con una generosa pizca de sal. Añada la pasta y hiérvala a fuego lento durante 5 minutos antes de echar los espárragos. Deje cocer 5 minutos hasta que la pasta esté al dente y los espárragos tiernos. Escúrralo todo con un colador, reservando aproximadamente una taza del líquido de cocción. Vuelva a echar la pasta y los espárragos en la olla.

2 Mientras, derrita la mantequilla en una sartén pequeña y, una vez empiece a burbujear, eche los ajos y las avellanas troceadas. Sofríalos un minuto o dos antes de añadirlos a los espárragos y la pasta ya cocidos, asegurándose de que el ajo quede bien distribuido.

3 Baje el fuego y añada el mascarpone a cucharadas. Remueva lentamente hasta que el queso se haya derretido y la pasta quede cubierta con una deliciosa salsa cremosa. Incorpore un poco del líquido de cocción para rebajar la salsa si es necesario. Sazónelos y sírvalos enseguida.

TARTA DE

ESPÁRRAGOS

BAILARINES Y QUESO DE CABRA

Una refrescante y divertida tarta para celebrar la llegada de la primavera.

6 RACIONES – PREPARACIÓN: 20 MINUTOS, MÁS 45 MINUTOS PARA ENFRIAR
COCCIÓN: 55 MINUTOS

Para la masa
250 g de harina blanca
125 g de mantequilla fría, cortada en porciones de 2 cm
una pizca de sal
una pizca de pimentón en polvo

Para la tarta
250 g de espárragos
1-2 cucharadas de mostaza de Dijon
100 g de queso de cabra tierno y fácil de desmenuzar
1 huevo campero mediano y la yema de otro
125 ml de nata doble para cocinar
40 g de queso cheddar, rallado fino
sal marina y pimienta negra recién molida

molde rectangular (de unos 36 × 12 × 3 cm)

1 Elabore la masa mezclando la harina, la mantequilla, la sal y el pimentón en una batidora hasta obtener una textura granulada. Añada dos cucharadas de agua fría, o la suficiente para ligar la masa. Recoja la masa, envuélvala en papel film y déjela enfriar durante 15 minutos en el frigorífico.

2 Para escaldar los espárragos, llene una olla de agua hasta la mitad. Quite el extremo inferior de los espárragos —pues esta parte puede estar dura— y corte los tallos en trozos de 2,5 cm. Introduzca los espárragos cortados en el agua hirviendo a fuego lento y escáldelos durante 4 minutos antes de escurrirlos y meterlos debajo de agua fría. Esto detendrá la cocción y hará que conserven su magnífico color verde.

3 En una superficie enharinada, estire la masa dejando un grosor de alrededor de 3 mm. Con cuidado, cubra el molde rectangular y corte el exceso de masa. Enfríela en el frigorífico durante 30 minutos para evitar que se encoja en el horno.

4 Precaliente el horno a 190 °C/ventilador 170 °C/ potencia de gas 5. Cubra la base de la tarta con papel encerado y llénela de bolas de cerámica para hornear. Hornéela 20 minutos, retire las bolas y el papel y vuelva a meter la base en el horno otros 5 minutos. En este momento, debe estar ya seca al tacto. Al retirar la base del horno, baje la temperatura a 180 °C/ventilador 160 °C/ potencia de gas 4.

5 Con el dorso de una cuchara, extienda la mostaza de Dijon por la base de la tarta. Con los dedos, desmenuce el queso de cabra alrededor del borde exterior de la masa, creando un lago vacío en el centro. Añada dos terceras partes de los espárragos escaldados en el centro desordenadamente, con algunos en posición horizontal y otros en posición vertical.

6 Bata suavemente el huevo, la yema de huevo y la nata y alíñelos bien. Con cuidado, extienda la crema por la tarta, asegurándose de rellenar cada esquina. A continuación, disponga los espárragos restantes encima de la crema de modo que queden a la vista. Añada el queso rallado y hornee la tarta durante 30 minutos. Sírvala caliente, templada o fría, y si lo desea, acompañada de brotes de guisantes.

ENSALADA PANZANELLA DE

ACELGAS

HIERBAS AROMÁTICAS Y MOZZARELLA

Los tallos escarlata y las hojas de rojo veteado de las acelgas ganarían sin duda un concurso de belleza botánica y, aunque el color se apague ligeramente al cocerlas, el sabor no hace más que mejorar. La norma general es cocer las hojas como si fueran espinacas y los tallos como si fueran espárragos (ilustrado en las páginas 84-85).

6 RACIONES – PREPARACIÓN: 40 MINUTOS
COCCIÓN: 10 MINUTOS

300 g de acelgas de tallos rojos
una nuez grande de mantequilla
3 dientes de ajo, picados
4-5 rebanadas de chapata del día anterior (unos 100 g)
1 bola de mozzarella de 200 g
2 cucharadas colmadas de hojas de estragón
2 cucharadas de perejil, picado
1 cucharada colmada de hojas de eneldo, picadas
100 g de piñones
sal y pimienta negra recién molida

Para el aliño
4 cucharadas de aceite de oliva virgen extra
zumo de 1 limón

1 Empiece cociendo las acelgas. Retire las hojas que no tengan buen aspecto y corte los tallos y las hojas en trozos de 4 cm. Caliente la mantequilla en una olla honda de tamaño mediano a fuego medio, y añada los ajos y las acelgas. Remuévalo todo bien y tápelo. Cuézalo al vapor entre 3 y 4 minutos, y retírelo de inmediato del fuego antes de que los tallos queden incoloros.

2 Trocee el pan o córtelo en pedazos de entre 2 y 3 cm, y échelo en un bol grande. Añada la mezcla de acelgas, ajo y mantequilla. Revuelva la olla ligeramente y distribuya todos los ingredientes de manera uniforme.

3 Para el aliño, mezcle el aceite de oliva y el zumo de limón. Viértalo sobre el pan y las acelgas y déjelo reposar durante 20 minutos en el frigorífico para que se combinen todos los sabores.

4 Justo antes de servir, añada la mozzarella, las hierbas aromáticas y los piñones. Salpiméntelo y sírvalo, ¡preferiblemente cuando esté de vacaciones en Italia!

ENSALADA DE

HABAS

QUESO FETA Y QUINOA

La vivacidad del perejil y las limas de esta ensalada combina perfectamente con el sabor salado del queso feta y la dulzura de las habas. La quinoa convierte esta comida en un plato completo, para el que también puede usar arroz, cuscús o cebada perlada.

4-6 RACIONES – PREPARACIÓN: 25 MINUTOS
COCCIÓN: 15 MINUTOS

400 g de habas
150 g de quinoa
una nuez grande de mantequilla
75 g de almendras laminadas
150 g de queso feta, desmenuzado

Para el aliño de perejil
1 diente de ajo grande
3 cucharadas de aceite de oliva virgen extra
25 g de perejil
zumo y raspadura de 2 limas sin encerar

1. Para preparar las habas, lleve a ebullición una olla con agua y hierva las habas entre 4 y 5 minutos, hasta que queden tiernas, antes de escurrirlas y meterlas debajo de agua fría. A continuación, debería poder quitar las vainas y dejar al descubierto las habas del interior, con un color verde muy vivo. Resérvelas.

2. Mientras tanto, cueza la quinoa, echándola en una olla con agua hirviendo y dejándola hervir a fuego lento durante alrededor de 8 minutos, hasta que quede al dente. Escúrrala y resérvela.

3. Elabore el aliño mezclando el ajo, el aceite de oliva, el perejil y el zumo de lima hasta obtener una salsa consistente de color verde vivo. Añada un poco de agua si es necesario reducirla o en caso de que las limas sean especialmente secas. El mejor instrumento para prepararla es una batidora de mano, pero también puede trocear el perejil a mano y mezclarlo con los otros ingredientes para el aliño. Añada la raspadura de lima.

4. Caliente la mantequilla en una sartén pequeña a fuego medio, añada las almendras y tuéstalas hasta que empiecen a dorarse. En un bol grande, mezcle las habas, la quinoa, las almendras, el queso feta (reserve un poco para la guarnición) y el aliño de perejil. Sírvalo en una fuente y corónelo con un poco de queso feta desmenuzado.

JUDÍAS VERDES

Y ALMENDRAS CON ADEREZO DE QUESO AZUL

Mi madre solía decir que no tenía sentido ir a la peluquería si nadie se daba cuenta de que una se había cortado el pelo. Yo opino lo mismo de los aderezos. Si se molesta en preparar uno, ¡asegúrese de que sus invitados lo noten! Esta versión moderna del aderezo de queso azul es el secreto de este plato elaborado con judías verdes.

6 RACIONES – PREPARACIÓN: 12 MINUTOS
COCCIÓN: 10 MINUTOS

50 g de almendras laminadas
400 g de judías verdes, despuntadas
sal marina y pimienta negra recién molida

Para el aderezo
70 g de queso gorgonzola cremoso u otro queso azul suave
50 ml de yogur natural
1 diente de ajo pequeño, machacado
½ cucharada de vinagre de sidra
½ cucharadita de mostaza de Dijon

1. Empiece elaborando el aderezo: combine todos los ingredientes con dos cucharadas de agua y tritúrelos con una batidora de mano (o con el accesorio correspondiente del robot de cocina). El resultado debe ser una salsa espesa.

2. Caliente una sartén a fuego medio y añada las almendras. Tuéstelas entre 2 y 3 minutos, hasta que queden doradas, pero vigílelas. Resérvelas.

3. Lleve una olla grande con agua salada a ebullición y añada las judías. Reduzca el fuego y hiérvalas durante aproximadamente 5 minutos hasta que queden tiernas. Es preferible que queden poco hechas a demasiado, pues es bueno que estén ligeramente crujientes.

4. Escurra las judías y métalas debajo de agua fría de inmediato para detener el proceso de cocción. Póngalas en un bol y añádales el aliño y tres cuartas partes de las almendras tostadas. Sazónelas con sal y pimienta negra. Sírvalas con las almendras restantes por encima.

FRITTATA DE

HABAS

Y HIERBAS AROMÁTICAS

De pequeña, las habas eran un ingrediente básico durante los meses de verano, servidas calientes con una salsa de perejil. Recuerdo que no me gustaban demasiado, pues tenían un sabor amargo y la piel demasiado dura. Al cabo de unos años aprendí que podían pelarse. Debajo de la amarga piel se escondía una bonita haba interior de color verde vivo. Esta frittata transforma las viejas habas en una cena de lo más apetecible en un abrir y cerrar de ojos.

3-4 RACIONES – PREPARACIÓN: 20 MINUTOS
COCCIÓN: 20 MINUTOS

300 g de habas
2 cucharadas de aceite de oliva
6 cebolletas, en juliana
6 huevos camperos medianos
2 hojas de estragón, picadas
2 cucharadas de perejil, picado
40 g de parmesano o pecorino rallado, o una alternativa para vegetarianos
sal y pimienta negra recién molida
ensalada de tomate, para servir

sartén antiadherente apta para horno de 20 cm

1. En una cazuela mediana, lleve agua a ebullición y añada las habas. Déjelas hervir durante 5 minutos, hasta que queden tiernas. Escúrralas bien antes de pelarlas. Es un paso algo laborioso pero mejorará tanto el aspecto como el sabor del plato.

2. Precaliente el gratinador a la máxima potencia. Caliente un poco de aceite en la sartén antiadherente y añada las cebolletas. Fríalas durante un minuto o dos hasta que queden tiernas. Retírelas del fuego.

3. Rompa los huevos en un bol mediano y añada las habas sin vaina, las cebolletas, el estragón, el perejil y el queso. Aliñe la mezcla con sal y pimienta negra.

4. Caliente la sartén antiadherente de nuevo a fuego medio-bajo y añada el aceite de oliva restante. Cuando esté caliente, vierta los huevos. Deje cocer, sin removerlos, hasta que la base cuaje.

5. Coloque la frittata en el gratinador para cocer la parte superior unos minutos, hasta que suba y quede ligeramente dorada. Sírvala de inmediato con una ensalada de tomate.

¡truco! *Una sartén antiadherente es esencial para evitar que la frittata se rompa al sacarla.*

BUÑUELOS DE

MAÍZ DULCE

Y TOMATES CHERRY

Mi amiga Alice es la mujer más tierna y generosa que conozco. Hemos vivido muchas aventuras juntas, compartido largas conversaciones y hablado de comida en un sinfín de ocasiones, como si se tratara de un arte. Es una cocinera excelente y la admiro de todo corazón. Esta receta nació de una idea suya; sólo jugué un poco con ella. Los buñuelos quedan deliciosos y ligeros con sal de mina.

10 BUÑUELOS – PREPARACIÓN: 15 MINUTOS
COCCIÓN: 15 MINUTOS

300 g de tomates cherry, cortados por la mitad
2 cucharadas de pesto
3 huevos camperos medianos, separados
2 cucharadas de albahaca, picada
150 g de granos de maíz dulce
175 g de harina leudante
2 cucharadas de aceite vegetal, para freír
sal de mina, para servir
4 cucharadas de nata fresca para cocinar, para servir
unas cuantas hojas de albahaca, picadas, para decorar
sal y pimienta negra recién molida

1 Para elaborar los buñuelos, eche los tomates cherry en un bol grande y estrújelos con las manos hasta que queden ligeramente machacados y muy jugosos. Añada el pesto, las yemas de los huevos, la albahaca y el maíz dulce. Eche la harina paulatinamente para formar una masa espesa.

2 En otro bol limpio, bata las claras de huevo a punto de nieve. Mézclelas con cuidado con la masa.

3 En una sartén grande, caliente el aceite a fuego medio-alto. Cuando esté caliente pero sin llegar a humear, vierta la mezcla de los buñuelos a cucharadas. Fríalos entre 3 y 4 minutos, dándoles la vuelta, hasta que crezcan y se doren. Con una espumadera, deposítelos en un plato con papel absorbente. Fría los buñuelos por tandas a fin de evitar llenar demasiado la sartén, y consérvelos calientes en el horno encendido a temperatura baja.

4 Écheles sal de mina por encima y más pimienta negra recién molida y sírvalos con nata fresca para cocinar y albahaca picada.

HINOJO

Y MELÓN CON ALIÑO DE MENTA Y MIEL

Los bulbos de hinojo que alegran los mercados a principios de primavera necesitan poca dedicación y son un ingrediente excelente si simplemente se cortan en rodajas finas para tomarlas crudas.

4 RACIONES - PREPARACIÓN: 20 MINUTOS

1 bulbo de hinojo mediano
¼ de melón Honeydew
¼ de melón Galia
75 g de aceitunas negras
¼ de pepino, en rodajas
un manojito de menta, con las hojas picadas y algunas enteras para decorar
2 cucharaditas de semillas de amapola
raspadura de 1 naranja sin encerar, para decorar

Para el aliño
zumo de 1 naranja
2 cucharadas de aceite de oliva virgen extra
1 cucharada de miel líquida
sal y pimienta negra recién molida

1 Prepare el hinojo: córtelo por la mitad y practique un corte de forma triangular alrededor del tronco interior de la base. Retire el tronco y tírelo. Corte en rodajas el bulbo con la mandolina o un cuchillo afilado, y luego póngalo en un cuenco grande.

2 Retire las semillas de los melones y quíteles la piel. Córtelos en trocitos y añádalos al hinojo con las aceitunas, el pepino, la menta y las semillas de amapola.

3 Prepare el aliño mezclando bien el zumo de naranja, el aceite de oliva y la miel con un poco de sal y pimienta negra. Vierta el aliño sobre la ensalada y remuévalo con cuidado con las manos. Sírvala en forma de montoncito y decore el plato con la raspadura de naranja y unas hojas de menta.

MERMELADA DE

HINOJO

PERA Y ANÍS ESTRELLADO

Cuando el hinojo, las especias, las peras, las chalotas, el azúcar moreno y el vinagre se cuecen juntos, se unen para formar una deliciosa combinación agridulce. Conserve esta mermelada en tarros y sírvala con pan y queso azul.

4 TARROS – PREPARACIÓN: 45-50 MINUTOS
COCCIÓN: 1 HORA 40 MINUTOS

2 cucharadas de aceite de oliva
600 g de bulbo de hinojo (alrededor de 2), limpios y en rodajas muy finas
2 chalotas alargadas grandes, cortadas en tiras finas
4 peras maduras (unos 600 g), peladas, limpias y cortadas en dados de 2-3 cm
6 dientes de ajo, laminados
2 estrellas de anís
300 ml de vinagre de sidra
200 g de azúcar moreno
un trozo de 4 cm de jengibre, pelado y picado
2 cucharaditas de semillas de hinojo, chafadas
2 cucharaditas de semillas de cilantro, chafadas
sal marina

1 Caliente el aceite de oliva en una cazuela grande a fuego medio. Añada el hinojo y las chalotas y eche sal por encima. Deje cocer tapados el hinojo y la cebolla durante unos 15 minutos, hasta que se ablanden, removiéndolos de vez en cuando.

2 Incorpore los trozos de pera y los ajos y deje cocer todo, ahora sin tapar, unos 30 minutos más. La consistencia debe ser más espesa, parecida a la mermelada.

3 Añada el resto de los ingredientes y siga cociendo a fuego medio una hora más, removiéndolo de vez en cuando para que la mermelada no se pegue. Deje que se temple un poco antes de verterla en cuatro tarros de 250 ml debidamente esterilizados (puede esterilizarlos en el lavavajillas: programe un lavado a temperatura alta), donde la mermelada puede conservarse hasta un año.

ENSALADA DE

ENDIBIA

PERA, DÁTILES Y GRANADA

Los suculentos dátiles son todo un tesoro. En Marruecos pueden comprarse a cubos, aunque su calidad varía: los más baratos carecen de cuerpo, pero cuanto más dispuesto esté uno a pagar, más asombroso es el fruto que puede adquirir. Los dátiles son mi vicio. Los prefiero al chocolate y suelo usarlos para cocinar. Por supuesto, fueron el punto de partida de esta ensalada, y parece que combinan perfectamente con el sabor amargo y el frescor de la endibia.

4 RACIONES – PREPARACIÓN: 25 MINUTOS

1 granada
1 endibia, en rodajas desmenuzadas
16 dátiles, sin hueso y partidos por la mitad
3 cucharadas de perejil, picado
1 pera madura, descorazonada y cortada en láminas

Para el aliño
1 cucharadita de miel líquida
un trozo de 3 cm de jengibre, pelado y rallado fino, con su jugo
una pizca de canela en polvo
zumo de 1 limón grande

1 Extraiga los granos de la granada y colóquelos en un cuenco grande. Aconsejo sumergir la granada en agua fría para prevenir las manchas. Simplemente retire la piel roja y abra la fruta. Bajo el agua, separe con los dedos los granos de la cáscara. Estos bajarán al fondo del cuenco y las pieles sobrantes flotarán.

2 Prepare el aliño mezclando todos los ingredientes. Resérvelo mientras confecciona la ensalada.

3 Con cuidado, mezcle las hojas de endibia con los dátiles, las granos de la granada y el perejil. Añada los trozos de pera al cuenco.

4 Rocíe la ensalada con el aliño y remuévala para que se mezcle bien.

RÁBANOS

CON QUESO RICOTTA BATIDO

Esta sencilla salsa para mojar sabe a gloria. El secreto consiste en utilizar un queso ricotta italiano de calidad: marcará la diferencia.

4 RACIONES COMO APERITIVO – PREPARACIÓN: 5 MINUTOS

100 g de queso cremoso
250 g de ricotta
raspadura de 1 limón sin encerar
sal marina
un buen chorro de aceite de oliva
un manojo de rábanos rosados

1 Eche el queso cremoso y la ricotta en un cuenco. Bátalos durante 5 minutos con una cuchara de madera. Ponga una cucharada en un plato y rocíelo con la raspadura de limón, la sal marina y unos hilillos de aceite de oliva. Sirva la salsa con unos rábanos frescos bien crujientes.

FREEKEH CON

ENDIBIA

MANZANA Y AVELLANAS

El freekeh es un cereal originario de Oriente Medio muy sencillo de cocinar, repleto de proteínas y de inusual sabor ahumado (después de cosechado, se asa con fuego para quemar las cáscaras). Cada vez se encuentra más fácilmente y vale la pena probarlo. Tal vez se convierta en el nuevo cereal de referencia en su despensa.

6 RACIONES – PREPARACIÓN: 25 MINUTOS
COCCIÓN: 20 MINUTOS

185 g de freekeh integral
1 endibia, con las hojas picadas y el tallo en rodajas
1 manzana verde grande, descorazonada y cortada en láminas
75 g de avellanas con piel, troceadas
1 rama de apio, en rodajas finas
½ manojo de perejil, picado
sal y pimienta negra recién molida
pan caliente con mantequilla, para servir

Para el aliño
2 dientes de ajo pequeños, picados
3-4 cucharadas de aceite de oliva virgen extra
zumo de ½ limón
1 cucharada de vinagre de sidra

1. Lleve a ebullición una cazuela mediana con agua y vierta el freekeh. Cuando vuelva a hervir, tape la cazuela y baje el fuego. Déjelo cocer 15-20 minutos, o hasta que el cereal esté al dente. Escúrralo y resérvelo.

2. Prepare el aliño mezclando los ajos, el aceite de oliva, el zumo de limón y el vinagre (o sacudiéndolos juntos dentro de un tarro cerrado). Pruébelo y rectifique la sal a su gusto.

3. Separe algunas avellanas para decorar, ponga el resto de los ingredientes preparados en el cuenco más grande que tenga y mézclelos con cuidado. Salpimiéntelos. Páselos a una fuente de servir y rocíelos con el aliño. Espolvoree el resto de las avellanas por encima y sirva el plato con pan caliente untado con mantequilla, si lo desea.

¡truco! *El grano cocido se conserva más de una semana en el frigorífico, por eso siempre cocino más del necesario para la receta en cuestión; así me queda una parte para añadir a sopas o ensaladas a lo largo de la semana.*

ROLLITOS CALIENTES DE

ACELGA

ALUBIAS Y QUESO STILTON

He aquí una idea sabrosa y facilísima para una comida para llevar. La acelga es ideal, pero puede sustituirse por col, espinacas o col rizada si se tienen más a mano. El truco consiste en esperar a que el queso se funda lo bastante para mantener la mezcla unida. Entonces se enrollan los bocados y se comen: ¡como si se tratara de una fiambrera comestible!

3 ROLLITOS – PREPARACIÓN: 10 MINUTOS
COCCIÓN: 20 MINUTOS

un chorrito de aceite de oliva
una nuez de mantequilla
1 cebolla roja pequeña, picada
2 dientes de ajo, picados
¼ de cucharadita de copos de guindilla roja
100-120 g de acelgas, sin pencas, las hojas troceadas
210 g de alubias blancas en conserva, escurridas y lavadas
50 g de queso stilton, desmenuzado
4 cucharadas de crema agria
3 rollitos grandes, pan de pita o tortillas
sal y pimienta negra recién molida

1 Caliente el aceite y la mantequilla en una sartén grande. Sofría la cebolla, los ajos y los copos de guindilla a fuego medio unos 8-10 minutos, removiéndolos de vez en cuando, hasta que se doren. Añada las acelgas y deje cocer todo 3-4 minutos más, hasta que se ablanden. Salpimiéntelo.

2 Incorpore las alubias y el queso a la mezcla de las acelgas y caliente unos minutos, hasta que el queso empiece a fundirse y la mezcla se compacte.

3 Extienda la crema agria en el centro de cada rollito y ponga la mezcla de las acelgas encima. Una los extremos y dóblelos o enróllelos para cerrar el paquete.

ENSALADA DE FIDEOS Y

RÁBANOS

Me siento virtuosa cuando tomo esta ensalada, como si esta tuviera el poder de borrar los excesos de la noche anterior o de catapultarme a una talla 40. Los rosados rábanos picantes son una delicia y, junto con los fideos pálidos de esta receta, componen una cena ligera o una comida para llevar inusual pero bienvenida.

4 RACIONES – PREPARACIÓN: 30 MINUTOS
COCCIÓN: 3-4 MINUTOS

150 g de fideos de arroz planos
150 g de habas (o 100 g de habas de soja)
150 g de rábanos, en rodajas finas
1 guindilla roja, sin semillas y picada
1 aguacate grande y firme, sin hueso y en rodajas
un buen puñado de menta, picada, y una ramita para decorar
unas cucharadas de semillas de comino negro (o de sésamo negro)

Para el aliño
2 cucharadas de aceite de sésamo
raspadura y zumo de 2 limas sin encerar, guardar un poco para decorar
1 cucharadita de azúcar caster
un trozo de 6 cm de jengibre, pelado y rallado
1 cucharada de salsa de pescado

1 Ponga los fideos de arroz y las habas en un cuenco grande y vierta agua hirviendo encima. Déjelos reposar 4-5 minutos, o hasta que queden tiernos, antes de escurrirlos. Quite las vainas para que las habas interiores, de color verde vivo, queden al descubierto.

2 Añada los rábanos, la guindilla, el aguacate y la menta a los fideos y habas. Mézclelo todo bien.

3 Prepare el aliño mezclando todos los ingredientes en un bol pequeño. Vierta el aliño sobre la ensalada y espolvoree las semillas por encima. Sírvala decorada con una ramita de menta y raspadura de lima.

FRUTOS DEL HUERTO

Cuando los miro, no puedo evitar sentirme atraída por la estructura de estos sabrosos frutos. Su bonita piel, suave y gustosa, da paso a la textura más suave de la pulpa antes de encontrar las semillas, a veces gomosas y otras crujientes. Hay tanta vida en todos ellos que cada uno puede constituir un plato por sí mismo.

PASTEL DE

TOMATE

Algunas combinaciones parecen no prestarse a la reinvención, y la del tomate con queso encaja de pleno en esta categoría. Por tanto, no lo he hecho, y creo que esta es una de las mejores recetas del libro. Sírvala con una ensalada verde.

4-6 RACIONES – PREPARACIÓN: 30 MINUTOS
COCCIÓN: 1 HORA 15 MINUTOS

2 cucharadas de aceite de oliva
3 cebollas medianas, en finas láminas
1 kg de tomates, troceados
1 cucharada de hojas de tomillo frescas (o 1 cucharadita de tomillo seco), y un poco más para decorar
1 cucharada de azúcar moreno
4 dientes de ajo, picados
sal y pimienta negra recién molida

Para la masa del pastel
300 g de harina leudante
150 g mantequilla con sal, ablandada
50 g de queso cheddar, rallado fino
1 huevo campero mediano, más una yema, batidos
unas gotas de leche, si es necesaria
ensalada verde, para servir

fuente para horno de 2 l de capacidad

1 Caliente el aceite en una sartén grande a fuego medio y añada las cebollas. Baje el fuego y sofríalas al menos 20 minutos (si tiene tiempo, siga 10 minutos más para un mejor resultado), removiéndolas de vez en cuando para que no se peguen. Las cebollas se irán poniendo blandas, doradas y casi pegajosas.

2 Mientras, precaliente el horno a 190 °C/ventilador 170 °C/potencia de gas 5.

3 Prepare la masa para el pastel echando la harina en un cuenco grande y añadiendo la mantequilla. Con los dedos, frote los dos ingredientes hasta que la mantequilla desaparezca. Añada el queso y una buena cantidad de pimienta negra y mézclelo bien todo. Eche el huevo batido y amáselo todo para formar una mezcla suave; añada una o dos gotas de leche si es necesario. Deje reposar la mezcla unos momentos para acabar de preparar el relleno.

4 Añada los tomates, el tomillo, el azúcar y los ajos a la cebolla y deje cocer todo 3-4 minutos a fuego medio. Los tomates empezarán a ablandarse. Retírelo ahora del fuego; no deben romperse, sino simplemente empezar a cocerse.

5 Salpimiente la mezcla del tomate y viértala en la fuente para el horno. Cúbrala con la mezcla de harina, eche un poco más de tomillo por encima y hornee 40 minutos.

¡truco! *Los tomates pueden ser cherry, para ensalada o incluso amarillos.*

LASAÑA DE TOMATE ASADO Y LENTEJAS DU PUY

Esta receta se elabora con un kilo y medio de tomates enteros, con su jugo, piel y semillas. Se asan lentamente, y parte de la humedad se evapora pero el sabor se intensifica. Prepárela sólo en verano, cuando es temporada de tomates, saben mejor y tienen un mejor precio.

6 RACIONES – PREPARACIÓN: 25 MINUTOS
COCCIÓN: 2 HORAS 15 MINUTOS

1,5 kg de tomates rojos maduros, limpios
2 cucharadas de aceite de oliva
2 cucharadas de romero, picado fino
5 dientes de ajo grandes, picados
250 g de lentejas du Puy cocidas
250 g de pasta fresca para lasaña
300 g de nata fresca para cocinar
60 g de queso parmesano
sal marina y pimienta negra recién molida
ensalada verde, para servir

fuente para horno de 2 l de capacidad

1. Precaliente el horno a 130 °C/ventilador 110 °C/potencia de gas 1. Para preparar los tomates, córtelos por la mitad horizontalmente y luego cada parte en cuatro trozos.

2. Disponga los tomates en una gran fuente para el horno o repártalos en dos. Rocíelos con el aceite de oliva y espolvoree el romero y los ajos por encima. Salpimiente bien todo y mézclelo. Hornéelos 1 ½ horas.

3. Cuando los tomates estén listos, retírelos del horno. Cháfelos con un majador hasta prácticamente desintegrar la pulpa y que sólo queden el jugo y las pieles. Pase esta mezcla a un cuenco e incorpore las lentejas. Salpimiéntelos.

4. Suba la temperatura del horno a 180 °C/ ventilador 160 °C/potencia de gas 4. Prepare la lasaña colocando alrededor de un tercio de la mezcla de tomates y lentejas en una fuente para el horno de 2 litros. Cúbrala con la pasta fresca, disponga encima un tercio de la nata fresca y espolvoree parmesano por encima. Monte una segunda capa con otro tercio de mezcla de tomate y lentejas y, luego, disponga láminas de lasaña y nata encima. Repita el proceso hasta terminar el relleno y acabe con una capa de lasaña, cubierta con nata.

5. Ralle una buena cantidad de parmesano y pimienta negra por encima. Coloque la lasaña en la bandeja central del horno y ásela 45 minutos. Sírvala con ensalada verde.

TOMATES

ASADOS CON COLIRRÁBANO, MENTA Y PIPAS DE GIRASOL

Es posible que haya oído hablar de una hortaliza llamada colirrábano. Es dulce y sorprendentemente jugosa, y refresca las ensaladas otoñales. Este plato puede servirse caliente o a temperatura ambiente, por lo que es una comida ideal para preparar con antelación.

4 RACIONES = PREPARACIÓN: 15 MINUTOS
COCCIÓN: 15 MINUTOS

350 g de tomates cherry
1 cucharada de aceite de oliva
100 g de trigo bulgur
150 g de colirrábano
2 cogollos, en juliana
un puñado de menta, picada
75 g de queso feta, desmenuzado, guardar un poco para decorar
sal y pimienta negra recién molida
30 g de pipas peladas de girasol, tostadas, para decorar

Para el aliño
3 cucharadas de aceite de oliva virgen extra
1 cucharada de vinagre de vino blanco
1 cucharadita de miel líquida

1. Precaliente el horno a 200 °C/ventilador 180 °C/ potencia de gas 6. Ponga todos los tomates en una fuente para el horno y rocíelos con el aceite. Mézclelos para que se unten uniformemente, salpimiéntelos y métalos al horno 10-15 minutos para que se ablanden y empiecen a abrirse.

2. Mientras, lleve a ebullición una cazuela pequeña con agua. Añada el trigo bulgur y déjelo cocer 10-12 minutos. Escúrralo y resérvelo.

3. Prepare el colirrábano: retire las hojas, pélelo y córtelo en bastoncitos del tamaño de una cerilla con un cortador de juliana o un cuchillo afilado. Mézclelo con los cogollos y la menta. Añada la mitad del queso feta.

4. Mezcle todos los ingredientes para el aliño.

5. Amalgame el trigo bulgur con la mezcla de colirrábano y vierta el aliño encima. Remueva hasta que los ingredientes se impregnen y añada más aliño si hace falta.

6. Pase la mezcla de trigo bulgur y colirrábano a una fuente grande para ensalada y añada los tomates calientes. Remuévalo todo antes de servirlo en montoncitos generosos, decorados con el resto del queso feta y las pipas de girasol.

¡truco!

Un buen sustituto para el colinrrábano son los tallos de brócoli, así que, ¡no los tire!

ENSALADA DE

PEPINO

ARROZ INTEGRAL Y MISO

El pepino, muy apreciado en combinación con el queso fresco, también puede ser elevado a grandes alturas culinarias.

4 RACIONES – PREPARACIÓN: 20 MINUTOS
COCCIÓN: 30-35 MINUTOS

150 g de arroz integral
1 pepino
1 guindilla roja, partida por la mitad y picada
un manojito de cilantro, picado, reservar una parte para decorar
3 cebolletas, en láminas

Para el aliño
un trozo de 2 cm de jengibre, pelado y rallado
zumo de ½ limón
2 cucharadas de pasta de miso
2 cucharadas de aceite de oliva virgen extra
1 cucharada de azúcar caster
2 cucharadas de aceite de sésamo

1 El arroz integral tarda en cocerse, por lo que es aconsejable prepararlo antes, según las instrucciones del envase: suele requerir unos 30 minutos de cocción.

2 Mientras, prepare el pepino, cortándolo por la mitad a lo largo y sacando las semillas con una cuchara de postre, de modo que quede en forma de una especie de «barca». Con habilidad, córtelo en trozos con forma de media luna. Échelos en un cuenco grande y mézclelos con la guindilla, el cilantro y las cebolletas.

3 Prepare el aliño metiendo todos los ingredientes en un tarro tapado y agitándolo bien.

4 Escurra el arroz y aclárelo con agua tibia. Incorpore el aliño antes de añadir la mezcla de pepino y luego sírvalo decorado con unas hojas de cilantro.

ENSALADA DE

BERENJENA

FRIJOL MUNGO Y MENTA

Esta ensalada pega fuerte; espero que la disfrute.

4-6 RACIONES – PREPARACIÓN: 30 MINUTOS,
MÁS 2 HORAS DE REMOJO – COCCIÓN: 50 MINUTOS

125 g de frijol mungo seco, remojado 1-2 horas
2 berenjenas grandes, cada una cortada en 16 bastoncitos
4 cucharadas de aceite de oliva
1 cucharadita de semillas de comino
100 g de pipas peladas de calabaza, tostadas
100 g de queso feta
un manojito de menta, picada
sal y pimienta negra recién molida

Para el aliño
3 dientes de ajo grandes, picados
una pizca de sal
una pizca de azúcar
1 cucharada de mostaza de Dijon
1 cucharada de pasta de tamarindo
zumo de 2 limas medianas
1 cucharada de salsa de pescado
1 cucharada de agua hirviendo

1 Aclare los frijoles y métalos en una cazuela; cúbralos con agua y déjelos cocer 40-50 minutos o hasta que estén listos, añadiendo más agua si es necesario. Escúrralos y resérvelos.

2 Precaliente el horno a 200 °C/ventilador 180 °C/ potencia de gas 6. Disponga las berenjenas en una fuente para el horno con tres cucharadas de aceite de oliva y las semillas de comino y sazónelas. Remuévalo todo y áselo 25 minutos.

3 Mientras, ponga todos los ingredientes para el aliño en un tarro tapado y agítelos bien. Pruebe y rectifique la sazón al gusto, con un poco más de azúcar o zumo de limón.

4 Tueste las pipas de calabaza en una sartén seca a fuego alto, 2-3 minutos, hasta que la piel empiece a saltar.

5 Mezcle la berenjena, los frijoles y la mitad de las pipas de calabaza con el queso y la menta. Incorpore el aliño con cuidado y decore con el resto de las semillas, el queso y la menta.

PARMIGIANA DE
BERENJENA

Los europeos creían que las berenjenas, como los tomates, eran venenosas, debido a su exótico aspecto. Afortunadamente, fue descubriéndose el potencial culinario de ambas hortalizas. Las dos presentan una piel suave y comestible, numerosas semillas blandas y una pulpa firme. Este plato se elabora con rodajas de berenjena combinadas con tomates de sabor intenso y abundante parmesano.

4-6 RACIONES – PREPARACIÓN: 20 MINUTOS, MÁS 1-2 HORAS EN SAL
COCCIÓN: 2 HORAS

3 berenjenas, cortadas horizontalmente en rodajas de 1 cm
2-3 cucharaditas de sal marina
100 ml de aceite de oliva
50 g de queso parmesano, rallado
un manojo de albahaca, deshojado

Para la salsa de tomate
60 ml de aceite de oliva
1 cebolla roja, picada
1 cucharada de perejil, picado
1 cucharada de albahaca, picada
1,2 kg de tomate triturado en lata

fuente para horno de 2 l de capacidad

1 Disponga una capa de rodajas de berenjena en un plato, una bandeja de horno o un par de coladores y espolvoree sal por encima. Déjelas reposar 1-2 horas. La sal extraerá la humedad y el amargor de la berenjena. Seque las rodajas a golpecitos con papel de cocina: no hace falta que las lave para quitar la sal.

2 Para la salsa de tomate, caliente el aceite en una cazuela grande y sofría la cebolla hasta que empiece a dorarse. Añada las hierbas frescas y remueva un minuto antes de añadir el tomate. Salpimiéntelo y déjelo cocer a fuego muy lento durante una hora, removiéndolo de vez en cuando.

3 Precaliente el horno a 220 °C/ventilador 200 °C/potencia de gas 7. Unte generosamente las rodajas de berenjena con aceite de oliva y dispóngalas en una capa sobre una (o dos) fuentes para el horno. Áselas en la parte inferior 10 minutos, luego deles la vuelta y déjelas cocer 5-10 minutos más hasta que se doren. Baje la potencia del horno a 180 °C/ventilador 160 °C/potencia de gas 4.

4 Disponga las rodajas de berenjena en una fuente de 2 litros de capacidad y vierta por encima la salsa de tomate. Espolvoree un poco de parmesano y albahaca fresca por encima. Repita las capas y vuelva a meter las fuentes en el horno 30-35 minutos hasta que la parte superior quede crujiente y la berenjena blanda.

¡truco! *Si bien es tentador saltarse este paso, vale mucho la pena salar las rodajas de berenjena: ¡marca la diferencia! No sólo se elimina su sabor amargo, sino que además las rodajas absorben menos aceite.*

MUSACA DE

BERENJENA

Y YOGUR

Esta deliciosa musaca consiste simplemente en capas de berenjena, tomate y patata, con uno o dos acentos griegos. Se trata de un plato suntuoso indicado para dioses y diosas míticos con un limitado presupuesto mortal.

8 RACIONES – PREPARACIÓN: 30 MINUTOS
COCCIÓN: 1 HORA 10 MINUTOS

500-600 g de patatas, peladas y cortadas en rodajas de 5 mm
2 berenjenas medianas, en rodajas de 5 mm a 1 cm
3 cucharadas de aceite vegetal

Para la salsa de tomate
1 cucharada de aceite de oliva
1 cebolla mediana, troceada
2 dientes de ajo, en láminas
1 cucharadita de orégano seco
800 g de tomate triturado en lata
2 cucharadas de concentrado de tomate
85 g de queso feta, desmenuzado
1 cubito de caldo vegetal, desmenuzado
un puñado de hojas de albahaca frescas, rasgadas
sal y pimienta negra recién molida

Para la salsa de yogur
1 huevo campero grande (o 2 medianos), batido
250 ml de yogur griego con toda su grasa
nuez moscada recién molida
queso parmesano recién rallado

fuente para horno de 2 l de capacidad

1. Precaliente el horno a 220 °C/ventilador 200 °C/ potencia de gas 7. Lleve a ebullición una olla mediana llena de agua y eche las patatas para que se cuezan sólo 5-6 minutos. Escúrralas.

2. Ponga las patatas y las berenjenas en una fuente para el horno grande o dos pequeñas. Rocíelas con aceite vegetal y remuévalas para que se impregnen bien. Áselas al horno 20 minutos hasta que las berenjenas empiecen a dorarse. Retire la fuente del horno y baje el fuego a 180 °C/ventilador 160 °C/potencia de gas 4.

3. Mientras, empiece a preparar la salsa de tomate. Caliente el aceite en una cazuela grande a fuego medio y eche la cebolla, los ajos y el orégano para que se sofrían 3-4 minutos, hasta que se ablanden un poco. Añada el tomate, el concentrado de tomate, el queso feta y el cubito de caldo, y deje cocer todo 10 minutos. Salpimiéntelo al gusto, retírelo del fuego e incorpore la albahaca.

4. Engrase ligeramente una fuente para el horno de 2 litros de capacidad y forre la base con un tercio de la berenjena y la patata. Añada la mitad de la salsa de tomate y repita para acabar con una capa de patata y berenjena.

5. Prepare la salsa de yogur mezclando los huevos, el yogur y la nuez moscada en un cuenco pequeño. Vierta la mezcla sobre el preparado para el horno, esparciéndolo con una espátula. Espolvoree parmesano por encima y deje cocer 45 minutos hasta que se dore y la salsa burbujee como si quisiera escapar.

¡truco! *Elija berenjenas suaves, firmes y brillantes: como en las personas, las arrugas y el aspecto apagado en estas hortalizas indican una edad avanzada o una vida dura.*

KIBBE DE

CALABAZA

El kibbe es un plato popular en el Líbano, Siria y Egipto. Se trata de una mezcla de cereales con base de trigo bulgur, que suele prepararse en forma de hamburguesa y rellenarse de carne o verdura.

12 KIBBE – PREPARACIÓN: 35-40 MINUTOS, MÁS 1 HORA PARA TEMPLAR Y REPOSAR
COCCIÓN: 50 MINUTOS

800 g de calabaza redonda, pelada y cortada en dados de 3 cm
250 g de trigo bulgur fino (si no lo encuentra, use trigo bulgur grueso, pero déjelo en remojo toda la noche)
100 g de harina, y más por si hace falta
un buen puñado de menta, picada
1 cucharadita de pimentón ahumado
½ cucharadita de sal marina
raspadura de 1 limón sin encerar
aceite vegetal, para freír
1 limón, en gajos, o su zumo mezclado con un yogur natural, para servir

Para el relleno
2 cucharadas de aceite de oliva
1 cebolla pequeña, picada muy fina
1 cucharadita de canela
½ cucharadita de clavos molidos
1 cucharadita de nuez moscada
1 cucharadita de comino molido
100 g de garbanzos en conserva, escurridos y un poco troceados
100 g de hojas de espinacas tiernas
un puñadito de perejil, picado fino
100 g de queso feta, desmenuzado
sal y pimienta negra recién molida

1 Ponga la calabaza en una olla mediana y cúbrala con agua fría. Lleve a ebullición a fuego medio, luego baje el fuego y déjela cocer 20-25 minutos, o hasta que quede tierna. Escúrrala y resérvela para que se temple unos 20 minutos. Cháfela un poco con un majador.

2 Mientras, para el relleno, caliente el aceite de oliva en una sartén grande a fuego medio, añada la cebolla y sofríala hasta que quede translúcida. Incorpore las especias y los garbanzos, las espinacas, el perejil y el feta. Salpiméntelo y sofríalo unos minutos. Retírelo del fuego y déjelo templar.

3 Ponga la calabaza chafada en un cuenco grande con el trigo bulgur, la harina, la menta, el pimentón, la sal y la raspadura de limón. Mézclelos con cuidado: se pretende obtener la consistencia de una masa, pero que no sea espesa y seca. Reserve todo 10 minutos para que el trigo se ablande. Si la masa parece seca, añada unas gotas de agua y trabájela bien. Añada un poco más de harina, si es necesario, para que resulte más maleable, luego pruébela y rectifique la sal y la pimienta. Deje reposar la masa de calabaza 30 minutos.

4 Para dar forma al kibbe, forme 24 bolas de 40 g con la masa y use el pulgar para marcar un hueco de unos 2 cm de hondo. Llene una bola con una cucharadita del relleno y monte otra bola encima. Presione la masa con pellizcos para sellar la unión y dele forma de limón al kibbe. Repita hasta que se quede sin masa ni relleno. Resérvelos.

5 Caliente el aceite vegetal en una cazuela mediana de base gruesa a 170 °C (o hasta que un dado de pan se dore en 20 segundos). Fría tres o cuatro kibbe a la vez (para no ocupar toda la cazuela) y cuézalos 3-4 minutos o hasta que se doren ligeramente y queden crujientes. Retire con una espumadera y escúrralos sobre papel de cocina.

6 Sírvalos calientes o a temperatura ambiente con menta, yogur de limón o un chorrito de zumo de limón.

TERRINA DE

CALABAZA

Esta receta es ideal para empezar una comida. Cuando el calabacín está cocido, sólo es cuestión de ir incorporando el resto de los ingredientes al molde y que el horno haga lo demás. Deje reposar la terrina un rato para que se asiente antes de cortarla.

6-8 RACIONES – PREPARACIÓN: 45 MINUTOS
COCCIÓN: 1 HORA 20 MINUTOS

2 calabacines largos, en rodajas finas cortadas a lo largo (puede utilizar una mandolina)
aceite de oliva, para engrasar
500 g de pulpa de calabaza redonda, pelada, sin semillas y en rodajas de 7,5 mm
70 g de hojas de rúcula, y unas cuantas más para servir
75 g de castañas cocidas, troceadas
75 g de queso azul, desmenuzado
250 ml de nata doble
2 huevos camperos medianos, batidos
1 cucharada de mostaza de Dijon
20 g de queso parmesano, rallado fino
sal y pimienta negra recién molida

molde de metal de 900 g (23 × 13 × 7 cm)

1. Unte las rodajas de calabacín con aceite y luego áselas a la plancha (véase el truco) a fuego alto 1-2 minutos por cada lado, hasta que se doren y queden tiernas. Precaliente el horno a 160 °C/ventilador 140 °C/potencia de gas 3. Unte ligeramente el molde con aceite.

2. Disponga las tiras de calabacín a lo ancho en el molde de forma que cubran la base y los lados: no se preocupe si cuelgan, después se puede arreglar. Acabe los extremos con más calabacín, reservando un poco para la parte superior.

3. Disponga un tercio de la calabaza sobre el calabacín y cúbrala con la mitad de la rúcula, la mitad de las castañas y una tercera parte del queso azul. Salpimiente todo. Forme otra capa con la mitad del resto de calabaza. Cúbrala con el resto de la rúcula y las castañas y con la mitad del queso azul restante. Salpimiente todo de nuevo y haga una última capa de calabaza.

4. Ponga la nata doble, los huevos, la mostaza, el parmesano y el resto de queso azul en un bol mediano. Salpimiente todo y amalgámelo suavemente. Vierta la mezcla por encima de la calabaza y golpee ligeramente el molde contra la superficie de trabajo para asegurarse de que la nata llegue a todos los huecos. Doble sobre el relleno las láminas de calabacín que cuelguen y cúbralo todo por encima con el resto de las láminas.

5. Coloque el molde sobre una fuente para el horno y métalo en el horno 1 ¼ horas o hasta que la calabaza quede tierna y la mezcla cuaje. Retírelo del horno y déjelo reposar 15 minutos. Vuelque el contenido del molde sobre una bandeja y córtelo con un cuchillo de sierra en ocho rebanadas gruesas.

¡truco! *Si no dispone de una plancha, fría el calabacín hasta que se dore.*

variación

Se puede utilizar tanto calabaza redonda como alargada.

TARTA DE

CALABAZA

CON MERENGUE DE CANELA

Si duda sobre hacer o no esta receta, deje que la ilustre en su mente. Imagine un merengue esponjoso combinado con el suave dulzor del jarabe de arce. Imagine el consistente relleno de calabaza sobre una base crujiente al jengibre. Piense en fogatas y ponche caliente. Y visualice una tarta perfecta para una celebración.

10 RACIONES – PREPARACIÓN: 30 MINUTOS, MÁS 20 MINUTOS PARA TEMPLAR
COCCIÓN: 45 MINUTOS

Para la base
225 g de galletas de jengibre
85 g de mantequilla sin sal, derretida

Para el relleno
500 g de pulpa de calabaza redonda, pelada, sin semillas y cortada en dados de 3 cm
¼ de cucharadita de nuez moscada molida
¼ de cucharadita de jengibre en polvo
¼ de cucharadita de canela en polvo
60 ml de jarabe de arce
60 ml de nata
5 yemas de huevos camperos medianos, batidas

Para el merengue
165 g de azúcar caster
3 claras de huevos camperos medianos, a temperatura ambiente
½ cucharadita de canela
2 cucharaditas de maicena

molde de metal con fondo desmontable de 20 cm

1. Precaliente el horno a 180 °C/ventilador 160 °C/ potencia de gas 4. Para preparar la base de la tarta, triture las galletas hasta convertirlas en migajas, agregue la mantequilla y mézclelas bien. Pase la mezcla al molde mediante una espátula untada en aceite o con los dedos aceitosos, presione la mezcla sobre la base y los lados para formar un borde inclinado. Refrigere la base en el frigorífico 20 minutos para que se endurezca.

2. Coloque el molde en una fuente para el horno (así la cocción es más homogénea) y métalo en el horno precalentado 10-12 minutos. Retírelo del horno y déjelo templar un poco.

3. Mientras, lleve a ebullición una olla pequeña con agua y hierva los dados de calabaza durante unos 15 minutos, hasta que se corten como mantequilla. Escúrralos bien y tritúrelos. Mezcle este puré con las especias, el jarabe de arce, la nata y las yemas. La mezcla será bastante líquida, así que hay que verterla sobre la base y cocerla 20-25 minutos al horno hasta que empiece a cuajar pero aún siga suelta.

4. Esta receta emplea el método italiano para el merengue, que consiste en cocer las claras de huevo con sirope de azúcar caliente para obtener una cobertura voluminosa. Ponga el azúcar y 60 ml de agua en una cazuela pesada y llévelo a ebullición, removiéndolo de vez en cuando. Si se pegan los cristales de azúcar a los lados de la cazuela, ráspelos con un cepillo limpio y mojado. El sirope estará listo cuando alcance los 120 °C o cuando se solidifique al echar una cucharadita en un vaso de agua fría.

5. Cuando el sirope alcance la temperatura adecuada, bata las claras a punto de nieve con una batidora eléctrica. Incorpore el sirope a las claras en tres pasos, trabajándolo lo más rápidamente posible y removiendo bien tras cada adición. Agregue la canela y la maicena y siga batiendo hasta que la mezcla se enfríe. El merengue debe tener un aspecto firme y brillante. Cubra la tarta con el merengue y póngala brevemente bajo el gratinador 2-3 minutos o dórela con un soplete antes de servirla.

PASTEL DE

CALABAZA

PLÁTANO Y JARABE DE ARCE

Mi hermana Caroline me dijo una vez que este era el mejor pastel que había probado nunca. Me ayudó a perfeccionar las cantidades; las dos creemos que el secreto es el plátano maduro. Esto y una cobertura dulce y espesa de jarabe de arce.

10 RACIONES – PREPARACIÓN: 25 MINUTOS
COCCIÓN: 1 HORA

300 g de harina leudante
300 g de azúcar moreno
2 cucharaditas de canela
2 cucharaditas de bicarbonato
½ cucharadita de sal
2 plátanos maduros (unos 175 g pelados)
3 huevos camperos medianos, batidos
100 g de mantequilla sin sal, derretida
400 g de pulpa de calabaza, rallada
50 g de avellanas, tostadas y troceadas, para decorar

Para la cobertura
250 g de mascarpone
2 cucharadas de azúcar glas
3-4 cucharadas de jarabe de arce

molde cuadrado de 25 cm

1 Precaliente el horno a 180 °C/ventilador 160 °C/ potencia de gas 4 y engrase y forre un molde para pastel de 25 cm con papel vegetal.

2 Ponga todos los ingredientes secos en un cuenco mediano y mézclelos bien. Luego, en el bol más grande que tenga, chafe los plátanos con un majador o una cuchara de madera. Incorpore los huevos, la mantequilla y la pulpa de calabaza y remuévalo todo bien.

3 Añada la mezcla seca a la húmeda, amalgamándola bien, y vierta la masa en el molde. Métalo en el horno, a media altura, y déjelo cocer 55-60 minutos o hasta que, al tocar el centro del pastel, este ceda un poco y suba de nuevo.

4 Para la cobertura, mezcle el mascarpone con una cuchara de madera y poco a poco incorpore el azúcar y el jarabe de arce. Extiéndala generosamente sobre el pastel templado y espolvoree avellanas tostadas troceadas por encima.

PASTEL DE

AGUACATE

SEMILLAS DE AMAPOLA Y ALMENDRAS

No rechace esta receta hasta haberla probado. Es perfectamente lógico que la cremosa pulpa del aguacate quede ideal en un pastel y evite la necesidad de añadir mantequilla.

2 PASTELES DE 18 CM – PREPARACIÓN: 20 MINUTOS
COCCIÓN: 40 MINUTOS

pulpa de 2 aguacates maduros, unos 250 g
300 g de almendras molidas
300 g de azúcar caster
zumo y raspadura de 1 limón sin encerar
3 huevos camperos medianos, batidos
1 cucharadita de levadura en polvo
½ cucharadita de bicarbonato
1 cucharada de semillas de amapola, y unas cuantas más para decorar

Para la cobertura
125 g de queso crema
300 g de azúcar glas, tamizado
50 g de mantequilla sin sal

2 moldes metálicos de 18 cm

1 Precaliente el horno a 180 °C/ventilador 160 °C/ potencia de gas 4 y engrase y forre los moldes con papel vegetal.

2 Triture la pulpa de aguacate y añada las almendras molidas y el azúcar. Siga machacándolo todo hasta obtener una textura verde homogénea.

3 Pase la mezcla a un bol y añada el zumo de limón, la raspadura y los huevos, un ingrediente por turno, removiendo bien. Incorpore la levadura, el bicarbonato y las semillas de amapola, y mezcle estas últimas hasta que queden bien repartidas. Pase la masa a los moldes y hornéela 40 minutos hasta que los pasteles queden firmes al tacto. Retire del horno y deje templar sobre una rejilla.

4 Para la cobertura, bata el queso con la mantequilla en un cuenco mediano para que se ablande e incorpore el azúcar glas sin dejar de batir. Utilice una paleta para extenderla sobre el pastel y decore con semillas de amapola.

¡truco! *Si prefiere preparar el pastel en moldes de 2 × 20 cm, añada un huevo extra a la mezcla*

BURRITO DE

AGUACATE

LIMA Y ALUBIAS REFRITAS

Elija bien los aguacates: los mejores son redondos y de color verde oscuro, y ceden lo suficiente para que se note que están blandos, no duros. El cremoso aguacate, la ácida lima y unas especiadas alubias, todo envuelto en una capa de tortilla, ¿es esto el cielo?

4 BURRITOS GRANDES – PREPARACIÓN: 15 MINUTOS
COCCIÓN: 10 MINUTOS

un chorro de aceite vegetal
2 dientes de ajo, chafados
1 cucharadita de comino en polvo
¼ cucharadita de copos de guindilla roja
350-400 g de alubias negras en conserva, escurridas
1 aguacate maduro grande, partido por la mitad, sin hueso y pelado
2 cucharadas de cilantro, troceado
zumo de 1 lima sin encerar
4 tortillas grandes
3 cucharadas de crema agria
40 g de queso cheddar, rallado fino

1 Caliente el aceite en una cazuela grande a fuego medio y añada los ajos, el comino y los copos de guindilla. Sofríalos uno o dos minutos antes de añadir las alubias. Deje que estas se calienten antes de chafarlas con un tenedor o majador. No se pase; es agradable notar alguna entera. Resérvelas.

2 Ponga la pulpa del aguacate en un cuenco pequeño y cháfela con un tenedor. Incorpore el cilantro y el zumo de lima, reservando un poco para el burrito.

3 Para montar el burrito, extienda un poco de crema agria sobre cada tortilla, amontone las alubias seguidas del aguacate y disponga el queso encima, con un poco más de zumo de lima. Doble cada burrito de abajo arriba, metiendo un lado y luego enrollándolo con el otro extremo. Envuelva cada burrito con papel de aluminio y repártalos para tomárselos fuera de casa.

SHAKSHUKA DE

PIMIENTO ROJO

Esta es una receta israelí que suele tomarse como brunch. Para mí, es como una especie de pizza en la que no hay que esperar que leude la masa.

3 RACIONES – PREPARACIÓN: 15 MINUTOS
COCCIÓN: 30 MINUTOS

2 cucharadas de aceite de oliva
1 guindilla roja, sin semillas y picada
1 cebolla, picada
3 pimientos rojos medianos, sin semillas y en tiritas finas
4 dientes de ajo, troceados
1 cucharadita de comino en polvo
1 cucharadita de cúrcuma
una pizca de azafrán
400 g de tomate troceado en lata
3 huevos camperos medianos
yogur natural, para servir
perejil, troceado, para servir
pan de pita tostado, para servir

1 Caliente el aceite en una sartén honda y eche la cebolla y la guindilla. Sofríalas 2-3 minutos hasta que la cebolla empiece a ablandarse. Añada los pimientos, los ajos y las especias. Siga sofriendo las verduras, con tapa, 10-12 minutos. Los pimientos deben quedar blandos pero no quemados.

2 Añada los tomates y siga sofriendo 8 minutos más, sin tapa, hasta que la mezcla se espese un poco.

3 Con una cuchara, forme tres agujeros en la mezcla. Rompa los huevos en estos huecos: no importa que la clara se esparza por la superficie del sofrito. Tápelo y déjelo cocer hasta que cuajen las yemas, durante unos 10 minutos. Sírvalo en un pan de pita con yogur y perejil.

¡truco! *Si la sartén no dispone de tapa, utilice una fuente para hornear en su lugar.*

QUINGOMBÓ

ASADO CON PURÉ DE JUDÍAS BLANCAS

Muchos de nosotros asociamos las vainas suaves y verdes del quingombó con el curry, pero resulta delicioso asado al horno con sal marina y aceite de oliva. Acompáñelo de un ligero puré de alubias y obtendrá un vistoso aperitivo.

6 RACIONES, COMO ENTRANTE – PREPARACIÓN: 15 MINUTOS
COCCIÓN: 20 MINUTOS

450 g de quingombós, cortado a lo largo por la mitad
1 cucharada de aceite de oliva
½ cucharadita de sal marina
pimienta negra recién molida

Para el puré de alubias
4 cucharadas de aceite de oliva virgen extra
4 dientes de ajo, picados
zumo y raspadura de 1 limón grande sin encerar
800 g de alubias en conserva, escurridas y enjuagadas
¼ de cucharadita de sal marina

1 Precaliente el horno a 200 °C/ventilador 180 °C/ potencia de gas 6. En un cuenco grande mezcle ligeramente el quingombó con el aceite de oliva, la sal y abundante pimienta negra. Dispóngalo en una sola capa sobre una fuente para el horno y áselo 15 minutos, o hasta que los bordes empiecen a dorarse.

2 Mientras, prepare el puré de alubias. Caliente el aceite de oliva en una sartén a fuego medio durante 1-2 minutos antes de reducir el fuego y añadir el ajo y la raspadura de limón. Deje cocer 1-2 minutos más antes de incorporar las alubias, sal y abundante pimienta, y caliente. Triture las alubias hasta obtener un suave puré. Exprima el zumo del limón y mézclelo de nuevo, añadiendo un poco de agua caliente para conseguir la consistencia deseada. Pruebe y rectifique el aliño si hace falta.

3 Sirva el quingombó asado simplemente amontonado en un plato junto a un bol con el puré de alubias.

BOLLOS CON

PIMIENTO

Y QUESO HALLOUMI A LA PLANCHA

Estos deliciosos bollos con mantequilla están entre mis platos preferidos, aún más si están rellenos de pimientos a la brasa y sabroso queso halloumi.

8 BOLLOS – PREPARACIÓN: 40 MINUTOS, MÁS 1 HORA 45 MINUTOS PARA LEUDAR
COCCIÓN: 35 MINUTOS

45 ml de leche caliente
7 g de levadura seca de acción rápida
3 cucharadas de azúcar caster
450 g de harina blanca de fuerza para pan
2 cucharaditas de sal fina
35 g de mantequilla fría sin sal
2 huevos camperos medianos, batidos
75 g de harina
1 yema de huevo campero grande, batida
1 cucharada de semillas de amapola
un puñado de rúcula, para servir

Para el relleno
3 pimientos rojos, troceados en cuartos y sin semillas
aceite de oliva, para untar
una pieza de 250 g de halloumi, en ocho lonchas
4 cucharadas de queso crema

1. Para elaborar los bollos, vierta 200 ml de agua caliente y la leche caliente en un cuenco pequeño y rocíelas por encima de la levadura y una cucharada del azúcar. Remueva todo para que se amalgame y déjelo reposar unos 5 minutos hasta que la superficie de la mezcla forme un poco de espuma. Así sabrá que la levadura se ha activado.

2. Mientras, mezcle la harina para pan, la sal y el resto del azúcar en un bol grande. Añada la mantequilla y frote entre las manos la mezcla hasta que adopte la consistencia de las migas de pan.

3. Añada los huevos a la mezcla de la levadura y bátalo todo. Practique un agujero en el centro del preparado de la harina y añada la mezcla de levadura y la de huevo. Amalgámelo bien con una cuchara de madera.

4. Esparza la harina sobre la superficie de trabajo y coloque encima la masa. Empiece a trabajarla incorporando la harina hasta que la integre por completo. Siga trabajando la masa 10 minutos, añadiendo más harina si hace falta.

5. Ponga la masa en un cuenco limpio un poco engrasado con aceite, cúbrala con papel transparente y déjela reposar en un lugar cálido por espacio de una hora, hasta que doble su tamaño.

6. Con un cuchillo, divida la masa en ocho partes. Enharine ligeramente la superficie de trabajo, forme bolas con la masa dividida y colóquelas sobre una bandeja de horno engrasada. Cubra con un trapo de cocina seco. Deje reposar los bollos 45 minutos más, para que crezcan un poco aún. Precaliente el horno a 200 °C/ventilador 180 °C/potencia de gas 6.

7. Pinte los bollos con yema batida, espolvoree semillas de amapola por encima y hornéelos 10 minutos hasta que se doren y la base suene hueca al golpearlos.

8. Para el relleno, unte los pimientos con aceite y póngalos en una fuente para el horno. Áselos 18-20 minutos en el horno caliente a 200 °C/ventilador 180 °C/potencia de gas 6 hasta que se ablanden y empiecen a chamuscarse.

9. Caliente una plancha a fuego alto. Pasados unos minutos, pase las lonchas de halloumi 2-3 minutos por cada lado, o hasta que se doren y se tuesten.

10. Para montar los bollos, ábralos por la mitad, úntelos con el queso y rellénelos con el pimiento, las hojas de ensalada y el halloumi caramelizado.

CALABAZA ALARGADA

ASADA CON MERMELADA Y ROMERO

La calabaza es un alimento muy versátil: sirve tanto para una sopa como para un curry. Esta receta le da protagonismo al no combinarla con nada. Condiméntela con un poco de romero, naranja y mermelada, y disfrute de un buen plato para el almuerzo.

6 PORCIONES GRANDES – PREPARACIÓN: 10 MINUTOS
COCCIÓN: 35 MINUTOS

1 calabaza alargada
1 cucharada de aceite de oliva
2 cucharadas de mermelada
1 rama grande de romero, picado
zumo y raspadura de 1 naranja sin encerar
granos de pimienta negra partidos

1. Precaliente el horno a 200 °C/ventilador 180 °C/ potencia de gas 6. Prepare la calabaza lavándole la piel y cortando las partes superior e inferiores.

2. Con un cuchillo afilado y mano firme, córtela en seis porciones alargadas. Vacíe las semillas y disponga las porciones en una fuente para el horno. Úntelas con aceite de oliva y áselas 25 minutos.

3. Mientras, caliente la mermelada en un cacito a fuego medio. Añada el romero y el zumo de naranja y déjelo cocer todo 3-4 minutos. Resérvelo.

4. Retire la calabaza del horno y píntela con la mermelada. Vuelva a introducirla en el horno 10 minutos más.

5. Sírvala decorada con raspadura de naranja y granos de pimienta negra.

PUDIN DE CALABAZA ALARGADA

TOMILLO Y PAN INTEGRAL

La textura de este sabroso plato con pan y mantequilla es una delicia y, a pesar de ser una receta vegetariana, saciará el apetito de cualquier carnívoro empedernido. Me gusta servirlo con una ensalada de hojas variadas y una copa de sidra bien fría.

4-6 RACIONES – PREPARACIÓN: 15 MINUTOS
COCCIÓN: 40 MINUTOS

200 g de pan integral (unas 4 rebanadas de pan sin cortar), cortado en dados de 1,5 cm
½ calabaza alargada grande (unos 500 g), pelada, sin semillas y cortada en trozos de 1,5 cm
1 cebolla roja grande, troceada
6 dientes de ajo, en láminas
un manojito de tomillo, sólo las hojas
4 cucharadas de aceite de oliva
1 cucharadita de pimentón
un poco de mantequilla, para engrasar
300 ml de nata fresca para cocinar
3 huevos camperos medianos, batidos
3 cucharadas de queso gruyer, rallado fino
sal y pimienta negra recién molida

fuente para horno de 2 l de capacidad

1. Precaliente el horno a 200 °C/ventilador 180 °C/potencia de gas 6. Extienda los dados de pan (con corteza) sobre una bandeja grande para el horno.

2. Añada la calabaza a la bandeja, mezclándola con el pan con cuidado. Incorpore la cebolla, los ajos y el tomillo. Rocíelo todo con el aceite y espolvoréelo con el pimentón. Sacuda la bandeja de modo que todos los ingredientes se repartan uniformemente. Salpimiéntelo y hornéelo 20 minutos.

3. Engrase con mantequilla la fuente para el horno. En un cuenco grande mezcle bien la nata y los huevos.

4. Cuando la calabaza y el pan estén listos, con rapidez páselo todo por la nata y el huevo y remuévalo un poco. No se preocupe si no se empapan todos los trozos, es agradable encontrar alguno sin salsa.

5. Pase la mezcla a la fuente para el horno y eche el gruyer por encima. Baje la potencia del horno a 180 °C/ventilador 160 °C/potencia de gas 4, y hornee 20 minutos más. Sírvalo inmediatamente.

SOPA DE

CALABAZA ALARGADA

Y COCO

Celebre la llegada del otoño con esta sedosa y brillante sopa. Los sabores son simples y cada uno aporta sus notas propias, pero pueden añadirse hierbas aromáticas, pimentón o raspadura de naranja para animar el plato si le apetece.

4 RACIONES – PREPARACIÓN: 25 MINUTOS
COCCIÓN: 35 MINUTOS

1 cucharada de aceite de oliva
2 chalotas, picadas
2 dientes de ajo, picados
1 calabaza alargada grande, pelada, sin semillas y cortada en dados de 3 cm
un trozo de 5 cm de jengibre, rallado (más si desea más sabor a jengibre)
unos copos de guindilla roja seca, y más para decorar
200 ml de caldo vegetal caliente
400 ml de leche de coco, y más para decorar

1 Caliente una olla grande a fuego medio. Vierta el aceite de oliva y enseguida añada las chalotas y los ajos. Sofríalos suavemente 3-4 minutos hasta que se ablanden las cebollas. Incorpore la calabaza, el jengibre y los copos de guindilla.

2 Baje el fuego y deje cocer la calabaza 8-10 minutos, con tapa. Remuévala de vez en cuando para evitar que se pegue.

3 Retire la tapa y vierta encima el caldo vegetal caliente y la leche de coco. Llévelo a una suave ebullición y deje cocer todo 15-18 minutos, hasta que la calabaza quede tierna y se corte fácilmente.

4 Triture la sopa hasta obtener una textura suave y sedosa. Vuelva a verterla en la olla para calentarla de nuevo. Salpimiéntela al gusto: quizá tenga que probarla varias veces para rectificar. Sírvala en unos cuencos hondos calientes con un chorrito de leche de coco y unos copos de guindilla.

MACARRONES CON QUESO Y

CALABAZA ALARGADA

CAMUFLADA

Los macarrones con queso son una de las perlas culinarias que me remiten a mi infancia. Este plato eleva la insignificante pasta seca a la categoría de receta brillante para la cena de los niños. En esta versión, de mi cosecha, la calabaza, la cebolla y el ajo se trituran para pasar desapercibidos y servirlos a los desprevenidos chiquillos.

6 RACIONES INFANTILES O 4 NORMALES – PREPARACIÓN: 40 MINUTOS
COCCIÓN: 15-20 MINUTOS

300 g de macarrones
1 calabaza pequeña (unos 600 g), pelada, sin semillas y cortada en trozos de 1-2 cm
250 ml de caldo vegetal caliente
una nuez de mantequilla
1 cebolla, troceada
2 dientes de ajo, en láminas
100 ml de leche semidesnatada
1 cucharadita de sal marina
65 g de queso cheddar curado, rallado
un poco de perejil picado
pimienta negra recién molida

fuente para horno de 2 l de capacidad

1 Precaliente el horno a 200 °C/ventilador 180 °C/ potencia de gas 6. Engrase con mantequilla una fuente apta para el horno de 2 litros de capacidad.

2 Ponga los macarrones a cocer. Lleve una olla grande llena de agua a ebullición, añada la pasta y déjela cocer 7-9 minutos hasta que esté al dente. Luego aclárela bien bajo un chorro de agua fría y resérvela.

3 Ponga la calabaza en una cazuela pequeña y cúbrala con el caldo. Déjela cocer tapada y a fuego medio unos 10-12 minutos, hasta que se corte bien.

4 Mientras, caliente la mantequilla en una sartén pequeña y eche la cebolla y los ajos. Sofríalos a fuego medio 4-5 minutos hasta que se caramelicen, y retire del fuego.

5 Añada la cebolla y el ajo a la calabaza y el caldo. Vierta la leche y sazone todo. Tritúrelo con una batidora de brazo.

6 Incorpore los macarrones cocidos al puré obtenido y amalgámelos bien. Vierta la mezcla, con un atractivo tono naranja, a la fuente para el horno y eche queso, perejil y pimienta por encima, en el orden que le parezca mejor. Cuézalo al horno 15-20 minutos hasta que el queso burbujee. Sírvalo enseguida.

CALABACÍN MARROW

RELLENO DE PASTA

Tanto cocineros como horticultores suelen mostrar recelo hacia esta variedad de calabacín por el gran tamaño que puede llegar a adquirir. Pero no hay por qué temerlo: puede saber bien, incluso delicioso. En esta receta se le quita la carne acuosa, se trocea, se mezcla con pasta en forma de granos de arroz, mucho ajo, sabrosos tomates y perejil fresco, y luego se vuelve a rellenar el calabacín con esta combinación y se asa. La preparación es simple, pero el resultado está lleno de sabor.

4 RACIONES – PREPARACIÓN: 10-15 MINUTOS
COCCIÓN: 35 MINUTOS

1 calabacín Marrow (de unos 600 g)
100 g de pasta orzo
1 ½ cucharadas de aceite de oliva
1 cebolla pequeña, picada
4 dientes de ajo, picados
100 g de queso pecorino, rallado fino
10 mitades de tomates secos en aceite, escurridos y picados
2 cucharadas de piñones, tostados
un manojo de perejil, picado
pimienta negra recién molida

Para el acabado
4 cucharadas de yogur griego espeso
1 huevo campero, ligeramente batido
unos cuantos piñones, para decorar

1. Precaliente el horno a 180 °C/ventilador 160 °C/ potencia de gas 4. Corte el calabacín por la mitad a lo largo. Con cuidado, extraiga la pulpa con una cuchara, dejando un grosor de 1-1,5 cm hasta la piel. Trocee la pulpa extraída y resérvela.

2. Cueza el orzo según las instrucciones del envase (unos 8 minutos). Escúrralo y enseguida aclárelo bajo un chorro de agua fría para detener la cocción, y mézclelo con media cucharadita de aceite de oliva.

3. Caliente una cucharada de aceite en una sartén a fuego medio. Añada la cebolla y los ajos y sofríalos 3-4 minutos hasta que la primera se ablande.

4. Pase la cebolla y los ajos a un bol y añada el orzo cocido, el pecorino, los tomates, los piñones, el perejil y la pulpa del calabacín. Condiméntelo todo generosamente con pimienta. Remueva y rellene el calabacín con la mezcla.

5. Para el acabado, mezcle el yogur con el huevo y vierta esta salsa sobre el relleno. Eche unos piñones por encima, dispóngalo en una bandeja para el horno y áselo 25 minutos.

PIZZA DE

CALABACÍN

Y QUESO DE CABRA

¼ de la cantidad de masa para pizza que sale con la receta de abajo
6 cucharadas de passata (véase abajo)
aceite de oliva, para engrasar
2 calabacines pequeños, en rodajas finas
150 g de queso de cabra, cortado en rodajas finas
½ cucharadita de copos de guindilla secos
un puñado de hojas de rúcula, para servir

1. Precaliente el horno a 220 °C/ventilador 200 °C/ potencia de gas 7. Meta una bandeja en el horno para que se caliente: así, la base de la pizza quedará crujiente.

2. Saque el aire de la masa trabajándola de nuevo un minuto. Con un rodillo bien enharinado, extienda la masa hasta que quede muy fina. Quite la bandeja del horno y espolvoree harina por encima antes de colocar con cuidado la masa sobre la misma. Extienda un poco de passata por encima, no más de la necesaria, unas 6 cucharadas.

3. Unte las rodajas de calabacín con aceite de oliva. Caliente una plancha a fuego alto y fría las rodajas hasta que se doren: unos 2 minutos por lado. Dispóngalas sobre la passata con las rodajas de queso y los copos de guindilla. Hornee 12-15 minutos. Sirva con la rúcula por encima.

MASA PARA PIZZA

4 BASES DE PIZZA – PREPARACIÓN: 30 MINUTOS, MÁS EL TIEMPO DE LEUDADO

14 g de levadura de acción rápida o 30 g de levadura fresca
2 cucharaditas de azúcar caster
700 g de harina de fuerza para pan
2 cucharaditas de sal
50 ml de aceite de oliva

1. Vierta 180 ml de agua caliente en un bol pequeño e incorpore la levadura y el azúcar. Mézclelo y déjelo reposar unos 5-10 minutos, hasta que la superficie forme un poco de espuma. Así sabrá que la levadura está activa.

2. Tamice la harina y la sal y échelas en un bol grande. Practique un hueco en el centro. Vierta la mezcla, el aceite y 180 ml más de agua caliente. Trabaje para mezclarlo todo con las manos y añada más harina si la masa es demasiado húmeda o un poco de agua si es excesivamente seca.

3. Pase la masa a una superficie enharinada y trabájela 8-10 minutos hasta que quede suave y elástica. Póngala en un bol untado con aceite y cúbrala con un trapo húmedo o papel film untado en aceite. Deje que suba en un lugar cálido durante 1 ½ horas, hasta que doble su tamaño.

PASSATA DE TOMATE

4 PIZZAS Y UN PLATO DE PASTA
PREPARACIÓN: 30 MINUTOS – COCCIÓN: 1 HORA 10 MINUTOS

75 ml de aceite de oliva
1 cebolla, picada
2 cucharadas de perejil, picado
2 cucharadas de albahaca, picada
1,2 kg de tomate troceado en lata
1 cucharadita de azúcar caster
1 cucharada de vinagre de vino tinto
sal y pimienta negra recién molida

1. Caliente el aceite en una cazuela de base gruesa a fuego medio. Añada la cebolla y sofríala suavemente hasta que quede blanda y casi se dore. Incorpore las hierbas aromáticas y sofría todo durante 30 segundos antes de echar con cuidado el tomate, y luego el azúcar y el vinagre. Salpimiéntelo bien, baje el fuego y deje cocer la salsa, sin taparla, durante una hora. Remuévala de vez en cuando para que no se pegue. Al final, rectifique la sal y la pimienta.

TORTILLA DE

CALABACÍN

Y RICOTTA

Esta es una buena manera de servir huevos para cenar. El calabacín no es esencial: puede sustituirse por guisantes, espinacas o judías al vapor.

1 RACIÓN – PREPARACIÓN: 5 MINUTOS
COCCIÓN: 6 MINUTOS

50 g de queso ricotta
2 huevos camperos grandes, separados
2 calabacines pequeños o uno más grande
2 cucharadas de albahaca, picada
2 cucharadas de queso parmesano, rallado
un buen puñado de hojas de rúcula
1 cucharadita de mantequilla
sal y pimienta negra recién molida
ensalada verde, para servir

1 Precaliente el gratinador. Mezcle el queso ricotta, las yemas de huevo, los calabacines, la albahaca y la mitad del parmesano en un cuenco pequeño. Salpimiente todo.

2 En un cuenco metálico limpio bata las claras a punto de nieve. Incorpore una cuarta parte de las claras y la rúcula a la mezcla de ricotta, antes de añadir con cuidado el resto de la clara. Eche por encima el parmesano restante.

3 Caliente la mantequilla en una sartén pequeña y vierta la mezcla encima. Fría suavemente a fuego medio 3-4 minutos antes de colocar la sartén bajo el gratinador para los 2 últimos minutos de cocción. Sirva enseguida con una ensalada verde aliñada.

ESPAGUETIS DE

CALABACÍN

CON TOMATES ASADOS

He aquí una brillante receta sin gluten donde se sustituye la pasta por largas tiras de calabacín cocido unos segundos antes de mezclarlas con los tomates cherry asados.

2 RACIONES – PREPARACIÓN: 15 MINUTOS
COCCIÓN: 25 MINUTOS

150 g de tomates cherry (75 g cortados por la mitad)
4 dientes de ajo, en láminas
1 guindilla roja, sin semillas y picada
1 cucharada de aceite de oliva
50 g de pipas peladas de girasol
2 calabacines grandes (cuanto más largos, ¡mejor!)
1 yema de huevo campero
1 cucharada de yogur griego espeso
un puñado de albahaca, troceada
mucha sal y pimienta negra recién molida

1 Precaliente el horno a 200 °C/ventilador 180 °C/ potencia de gas 6. Eche los tomates, los ajos y la guindilla en un molde pequeño para el horno y rocíelo todo con un chorrito de aceite. Agítelo todo para que quede bien mezclado y métalo en el horno 20 minutos.

2 Mientras, ponga las pipas peladas de girasol en una sartén seca y tuéstelas a fuego medio 3-4 minutos, moviendo el recipiente de vez en cuando. Retírelas del fuego cuando hayan cogido un poco de color.

3 Para los espaguetis, pase el calabacín por un rallador con su recipiente debajo para obtener tiras largas y finas. Procure no apretar, resulta más fácil. Lleve una olla mediana llena de agua a ebullición y hierva el calabacín 1-2 minutos antes de escurrirlo en un colador, presionando suavemente con el dorso de una cuchara para que suelte el agua sobrante. Vuelva a echarlo a la olla e incorpore la yema de huevo seguida del yogur. Salpimiéntelo.

4 Incorpore dos tercios de la mezcla de tomate y la mitad de las pipas de girasol al calabacín y divida la mezcla en dos platos. Eche, para finalizar, el resto del tomate, pipas peladas de girasol, albahaca y pimienta. Sírvalos enseguida.

COCA DE POLENTA CON

CALABACÍN

Y TOMATE

Esta es una receta informal, una mezcla de calabacín, tomate y nata fresca para cocinar. La base de polenta es inusual y, además de ofrecer una receta sin gluten, aporta textura y sabor, a la vez que absorbe el jugo que suelta el tomate pero mantiene los bordes crujientes. Me gusta tomarla con una copa de vino y llamarlo cena.

4 RACIONES – PREPARACIÓN: 20 MINUTOS
COCCIÓN: 1 HORA 10 MINUTOS

Para la masa de polenta
500 ml de caldo vegetal caliente
140 g de polenta
1 cucharada de mantequilla sin sal
50 g de queso parmesano, rallado fino
1 huevo campero, ligeramente batido
sal y pimienta negra recién molida

Para el relleno
1 cucharada de aceite de oliva
2 cucharadas de nata fresca para cocinar
1 calabacín, en rodajas finas
2 tomates medianos, cortados horizontalmente en rodajas finas
1 cucharada de hojas de tomillo, y más para decorar
25 g de queso parmesano, rallado fino

molde cuadrado para horno de 21 cm

1 Empiece preparando la masa de polenta. Lleve el caldo a ebullición en una olla mediana y vierta la polenta. A fuego lento, déjela cocer mientras la remueve con una cuchara de madera para eliminar los grumos que se vayan formando. Siga cociendo 6 minutos hasta que la polenta se espese mucho: aconsejo el uso de un cronómetro, ya que se tiende a pensar que se ha removido bastante cuando sólo se llevan 2 minutos.

2 Retire la mezcla del fuego, y añada la mantequilla y el parmesano. Remuévalos hasta que queden integrados, luego incorpore el huevo batido y salpimiente todo. Deje templar la polenta un poco.

3 Engrase un poco el molde con aceite de oliva. Ponga la polenta en el centro y, con una espátula o los dedos untados con aceite, hágala subir un poco por los lados para formar los bordes de la coca.

4 Precaliente el horno a 200 °C/ventilador 180 °C/potencia de gas 6. Unte una fina capa de nata sobre la base de la coca y disponga las rodajas de calabacín y los tomates alternándolos. Remátelo todo con las hojas de tomillo y el parmesano.

5 Ponga a cocer a media altura en el horno 45 minutos. Baje la temperatura a 180 °C/ventilador 160 °C/potencia de gas 4 y déjelo 15 minutos más. Retire la coca del horno y déjela templar 5-10 minutos. Sírvala cortada.

PASTEL DE

CALABACÍN

CHOCOLATE Y PISTACHO

Hice este pastel para tres de mis mejores amigas. Annabel, Rosanna y Amy me acompañaron a una excursión por South Downs. A pesar de equivocarnos de camino, llevar un calzado inadecuado y no tener suficiente comida, charlamos y reímos de camino a Brighton. Nos esperaba el pastel que había preparado para celebrar nuestra llegada. La melaza y el aceite de oliva que lleva la masa le otorgan una textura divina, que el calabacín suaviza. No pensé que fuera posible sentirse tan orgullosa de una receta, pero esta requirió varias pruebas y por ello me enorgullece.

SALE 1 PASTEL DE 20 CM – PREPARACIÓN: 25 MINUTOS
COCCIÓN: 1 HORA 10 MINUTOS

250 g de harina leudante
2 calabacines pequeños (unos 250 g), rallados finos
60 g de cacao en polvo
300 g de azúcar caster
45 g de melaza
150 ml de aceite de oliva
3 huevos camperos medianos, batidos

Para la cobertura
100 g de chocolate (70 % de cacao)
50 g de mantequilla sin sal
75 ml de crema agria
125 g de azúcar glas
35 g de pistachos, troceados, para decorar

molde hondo de 20 cm

1 Precaliente el horno a 180 °C/ventilador 160 °C/ potencia de gas 4 y ponga una bandeja en el estante central. Engrase y forre el molde con papel vegetal.

2 Ponga la harina en un cuenco grande y agregue el calabacín, el cacao y el azúcar caster. Mézclelo todo bien. En un cuenco más pequeño, bata la melaza, el aceite de oliva y los huevos. Combine la mezcla húmeda con la seca, removiéndolas bien con una cuchara de madera. Vierta la masa en el molde.

3 Coloque el molde en la bandeja precalentada (así la cocción será uniforme) en el centro del horno. Deje cocer entre 1 hora y 70 minutos hasta que la parte central del pastel ofrezca resistencia al presionarla con el dedo. Retire el pastel del horno y déjelo templar en la bandeja.

4 Para la cobertura, derrita el chocolate y la mantequilla al baño María. (Puede hacerlo también en el microondas durante un minuto, en cuyo caso debe vigilarlo mucho.) Cuando esté a punto, retírelo del fuego e incorpore la crema agria. Espolvoree azúcar glas por encima y remueva todo vigorosamente hasta que la mezcla quede suave. Debe quedar una textura algo pegajosa.

5 Corte el pastel por la mitad horizontalmente y rellénelo con la mitad de la cobertura. Móntelo de nuevo y unte la parte superior y los lados con la cobertura. Espolvoree los pistachos por encima y sírvalo en porciones bien grandes.

SETAS MÁGICAS

«Las setas son algo misterioso. Crecen en un campo, pero no en otro, sin explicación. Pero caminar lentamente a través de un campo verde en otoño y descubrir de repente ante sí un botón de color blanco puro resguardado entre la hierba es, realmente, emocionante.»
Sabias palabras de Quentin Blake.

SETAS

CON CALDO DE MISO Y TOFU

No se inquiete al leer la palabra tofu; piense que es un ingrediente suave con valor propio, en lugar de un sustituto de la carne. Puede ser la base de recetas sanas y depurativas: esta es un ejemplo. Sea generoso con la lima fresca, ya que el condimento le va muy bien al plato.

4 RACIONES – PREPARACIÓN: 15 MINUTOS, MÁS 10 MINUTOS PARA MARINAR
COCCIÓN: 15 MINUTOS

200 g de tofu firme, cortado en dados de 2 cm
2 cucharadas de salsa de soja
2 cucharaditas de azúcar caster
2 cucharaditas de salsa de pescado
zumo y raspadura de 1 lima grande sin encerar

Para el caldo
2 cucharaditas de caldo vegetal de calidad en copos
1 cucharada de pasta de miso
un trozo de 3 cm de jengibre, pelado y rallado, con su jugo
4-5 champiñones portobello, en láminas finas
3 cebolletas, cortadas en diagonal; reserve algunas para decorar
300 g de tallarines precocidos (o secos, cuézalos según las instrucciones del envase)
un manojo de cilantro, para decorar

1 Ponga el tofu en un bol con la salsa de soja, el azúcar, la salsa de pescado y el zumo y la raspadura de la lima, y déjelo marinar 8-10 minutos.

2 Añada un litro de agua a los copos de caldo y llévelo a ebullición en una olla grande. Ponga la pasta de miso en un cuenco pequeño y añada una cucharada del caldo vegetal. Remuévalo para que la pasta de miso quede líquida y luego páselo a la olla (así evitará que el miso quede hecho una bola en la sopa).

3 Añada el jengibre rallado a la olla junto con el jugo que suelte al rallarlo. Eche los champiñones y las cebolletas a la sopa y déjelos cocer, sin tapar, 4-5 minutos.

4 Incorpore los tallarines al caldo y siga cociendo un par de minutos más, deshaciendo los nudos de la pasta con una cuchara. Para terminar, incorpore el tofu marinado con todo su jugo. Caliéntelo todo junto 2-3 minutos antes de servirlo en boles. Decore con el cilantro fresco.

variación *Pruebe la receta con fideos udon o de arroz en lugar de tallarines.*

SOPA SUSTANCIOSA DE

SETAS

Y CASTAÑAS

Esta simple sopa de setas se refuerza con un puñado de arroz para el risotto. Mi esposo y yo disfrutábamos de un reconfortante bol de este caldo tras un baño helado en el mar: justo lo que necesitábamos para entrar en calor.

4 RACIONES – PREPARACIÓN: 20 MINUTOS
COCCIÓN: 30 MINUTOS

una nuez grande de mantequilla
2 cucharadas de aceite de oliva
1 diente de ajo, picado
1 cebolla, picada
2 ramas de apio, picadas
350 g de setas variadas
150 ml de vino blanco
100 g de arroz para risotto
150 g de castañas cocidas y peladas
900 ml de caldo vegetal caliente
pimienta negra recién molida
4 cucharadas de yogur griego, para servir

1 Derrita la mantequilla en una cazuela grande con el aceite de oliva. Añada el ajo, la cebolla y el apio, y sofríalos 5 minutos hasta que se ablanden.

2 Agregue las setas y sofríalas 3-4 minutos hasta que se pongan mustias con el calor. Vierta el vino blanco y suba un poco el fuego. Déjelas cocer hasta que el líquido haya reducido a la mitad antes de incorporar el arroz y las castañas. Añada el caldo caliente y deje cocer todo 20 minutos.

3 Sazone bien la sopa y tritúrela con una batidora de brazo o de vaso. Sírvala inmediatamente en cuencos con una buena cucharada de yogur y pimienta negra.

CARBONARA DE

CHAMPIÑONES

Y AJO

Nos criamos tomando carbonara una vez a la semana y, con los años, fuimos perfeccionando la receta familiar. Cada receta tiene sus peculiaridades y representa una manera particular de cocinar este clásico: con ajo o cebolla, nata fresca, mantequilla, guisantes o panceta. Aquí, he cometido adulterio y he añadido setas en lugar de panceta, pero puede estar seguro de que le dan al plato un carácter irresistible.

2-3 RACIONES – PREPARACIÓN: 10 MINUTOS
COCCIÓN: 15 MINUTOS

250 g de espaguetis
2 cucharadas de aceite de oliva
3 dientes de ajo, laminados
300 g de champiñones, cortados por la mitad
2 huevos camperos medianos y 1 yema de huevo mediano
pimienta negra recién molida
50 g de queso parmesano, rallado fino
unas hojas de romero, picadas finas, para decorar

1 Hierva la pasta en una olla con abundante agua hirviendo durante 8-10 minutos hasta que quede al dente.

2 Mientras, caliente el aceite de oliva en una cazuela grande a fuego medio y añada los ajos y las setas. Sofríalos hasta que el vapor cese y los champiñones empiecen a adoptar un tono dorado.

3 En un cuenco pequeño, mezcle los huevos, la yema y abundante pimienta negra. Incorpore el 80 por ciento del parmesano, reservando el resto para acabar el plato.

4 Escurra los espaguetis, reservando un poco del agua de cocción. Devuélvalos a la olla, agregue los champiñones y los ajos, y luego la mezcla de huevo. Remuévalos bien y, una vez empiece a espesarse la salsa, añada un poco del agua de cocción de la pasta para aligerarla. Siga mezclándola y sírvala enseguida en cuencos calientes. Decórela con parmesano y romero picado, y cómasela inmediatamente.

POLPETTE DE

CHAMPIÑONES

CON ESPAGUETIS A LA SALVIA

La palabra polpette designa un tipo de albóndigas italianas, pero en esta ocasión, se elaboran con setas en lugar de carne. Si tengo que decir la verdad, la combinación de salvia, champiñones, aceite de oliva y pasta la convierte en mi receta favorita de este libro.

4 RACIONES – PREPARACIÓN: 20 MINUTOS
COCCIÓN: 25 MINUTOS

Para las polpette
3 cucharadas de aceite de oliva
3 dientes de ajo, picados
300 g de champiñones portobello, troceados
5-6 hojas de salvia, picadas
un chorrito de vino tinto
1 huevo campero mediano
40 g de queso pecorino, rallado
100 g de migas de pan blanco del día

Para los espaguetis
300 g de espaguetis
2 dientes de ajo, pelados y picados
4-5 hojas de salvia, picadas finas
un chorrito de aceite de oliva virgen extra de calidad
un puñado de pecorino rallado fino
sal y pimienta negra recién molida

1 Para elaborar las polpette, eche una pequeña cantidad del aceite de oliva en una cazuela de base gruesa a fuego medio. Añada los ajos, los champiñones y la salvia. Sofríalos 3-4 minutos hasta que las setas se encojan y el agua que sueltan se evapore. Agregue el vino y siga sofriendo hasta que se haya reducido por completo y quede sólo su aroma. Salpimiente la mezcla y pásela a un bol para que se temple.

2 Añada el huevo, el pecorino y las migas al bol y mézclelos bien. Con las manos húmedas, forme con la mezcla unas bolitas de unos 40 g, del tamaño de una pelota de golf. Tienen que salir unas doce bolas.

3 Ponga agua en una olla grande para hervir la pasta. Cuando llegue al punto de ebullición, eche los espaguetis y déjelos hervir 8-10 minutos, hasta que estén al dente.

4 Mientras, vuelva a ocuparse de las polpette. Ponga la cazuela al fuego de nuevo y eche el resto de aceite de oliva. Agregue las polpette con unas pinzas y fríalas 8-10 minutos para que se doren, sin caer en la tentación de darles la vuelta demasiadas veces.

5 Escurra los espaguetis y baje el fuego. Añada los ajos, la salvia y el aceite de oliva. Remuévalos bien. Sirva el plato con las polpette y el pecorino rallado encima de la pasta.

variación *Si no encuentra pecorino, utilice un cheddar fuerte: estará igual de rico.*

SOFRITO ORIENTAL DE

SETAS CALABAZA

COL CHINA Y ANACARDOS

Las setas deshidratadas ya no son un lujo y resulta fácil (y más económico) conseguirlas. En este caso, sólo es necesario un simple remojo en agua caliente para revitalizarlas y la cocción junto a las hortalizas frescas, la salsa de soja y los anacardos es rápida *(véase la imagen de las páginas 144-145).*

4-6 RACIONES – PREPARACIÓN: 20 MINUTOS, MÁS 10 MINUTOS DE REMOJO
COCCIÓN: 15 MINUTOS

45 g de setas calabaza deshidratadas
2 chalotas, en láminas
2 dientes de ajo, en láminas
1 guindilla roja, sin semillas y picada
1 pimiento rojo, sin semillas y en tiritas finas
¼ de col blanca, desmenuzada
2 coles chinas (unos 150 g), troceadas
2 cucharadas de aceite de sésamo
75 g de anacardos
1 cucharada de salsa de soja

Para el arroz oriental al coco
una lata de 400 g de leche de coco
300 g de arroz basmati

1. Ponga los hongos en remojo en 250 ml de agua caliente durante 10 minutos. Sáquelos del agua y trocee los más grandes, sin tirar el agua usada. Resérvelos.

2. Prepare ahora las chalotas, los ajos, la guindilla, el pimiento rojo, la col y la col china, porque, una vez empiece el sofrito, lo necesitará todo enseguida.

3. Para preparar el arroz oriental, vacíe la lata de leche de coco en una olla mediana. Ahora llene la lata vacía de agua hirviendo y añádala a la olla. Finalmente, eche el arroz a la olla. Lleve a ebullición y deje cocer 10 minutos, removiendo de vez en cuando. Apague el fuego, tape la olla y resérvela.

4. Mientras el arroz se cuece, caliente el aceite a fuego medio en un wok. Añada las chalotas y sofríalas 2 minutos. Luego incorpore los ajos, la guindilla, el pimiento rojo y los anacardos y deje que todo se sofría otros 2-3 minutos. Agregue la col desmenuzada y sofría 2 minutos más. Acabe echando el líquido del remojo, la col china y la salsa de soja. Deje cocer todo 2-3 minutos más, hasta que la col china quede lacia pero manteniendo su textura crujiente.

5. Sirva el sofrito en boles con una buena ración de arroz.

GOUGÈRE DE

CHAMPIÑONES

Y QUESO STILTON

El gougère es una masa francesa que se utiliza para elaborar lionesas con relleno salado. Estas pueden ser de diversos tamaños y siempre se rellenan. Aquí, la masa se utiliza para enmarcar el plato, y el relleno consta de queso azul y setas. Todo se asa al horno y el resultado es una valla ligera y crujiente que rodea un campo de setas sumergidas en queso.

4 RACIONES – PREPARACIÓN: 40 MINUTOS
COCCIÓN: 40-45 MINUTOS

1 cucharada de aceite de oliva
200 g de champiñones, en láminas
45 g de mantequilla sin sal
30 g de harina
1 cucharadita de mostaza en polvo
300 ml de leche semidesnatada
75 g de queso stilton, desmenuzado
un manojito de perejil, las hojas picadas
un poco de mantequilla, para engrasar

Para la gougère
70 g de harina
¼ de cucharadita de sal
una pizca de cayena
60 g de mantequilla sin sal, troceada
2 huevos camperos medianos, algo batidos
45 g de queso cheddar curado, rallado

un molde poco hondo para tarta de 25-30 cm

1 Para el relleno, caliente el aceite en una cazuela grande y honda, y añada los champiñones. Sofríalos 6-7 minutos hasta que no suelten vapor y empiecen a dorarse. Retírelos de la cazuela y resérvelos.

2 Derrita la mantequilla en la cazuela, luego añada la harina y la mostaza en polvo y mézclelas con una cuchara de madera hasta que queden homogéneas. Déjelas cocer un minuto. Con el fuego a media potencia, vaya añadiendo leche poco a poco, removiendo constantemente para ir ligando una salsa suave. Llévela a ebullición y déjela cocer un minuto. Retírela del fuego, añada el stilton, casi todo el perejil (guarde un poco para decorar) y los champiñones, y reserve todo.

3 Precaliente el horno a 220 °C/ventilador 200 °C/ potencia de gas 7. Engrase el molde con un poco de mantequilla.

4 Para la gougère, mezcle la harina con la sal y la cayena, y tamícelos sobre una hoja de papel vegetal. Derrita la mantequilla en 150 ml de agua y llévela a ebullición. Coja el papel por las puntas de modo que forme un embudo y eche la harina en el agua con mantequilla (así, el proceso es rapidísimo). Retire la cazuela del fuego y bata vigorosamente con una cuchara de madera durante un minuto, hasta que la mezcla sea homogénea y se levante de los lados al removerla. Resérvela.

5 Poco a poco, incorpore los huevos a la masa, de modo que se vaya volviendo suave y brillante, y le cueste despegarse de la cuchara; entonces incorpore el cheddar.

6 Reparta la masa rodeando el borde interior del molde, haciéndola subir un poco por los lados. Debe quedar un hueco en el centro para la salsa. No se preocupe si le parece que todo queda pegajoso y mal colocado. Vierta el relleno en el hueco y ase en el horno 30-35 minutos. Decore con el resto de perejil y sírvalo enseguida, mientras la masa aún esté hinchada y bonita.

TARTALETAS DE

CHAMPIÑONES

Y NATA FRESCA

Unas humildes tartaletas donde caben estas enormes setas que a menudo se encuentran en el mercado. La lista de ingredientes es modesta, de modo que las setas destacan como protagonistas.

6 TARTALETAS – PREPARACIÓN: 20 MINUTOS
COCCIÓN: 25 MINUTOS

1 cucharada de aceite de oliva
6 champiñones portobello grandes, en láminas
3 dientes de ajo, en láminas
una ramita de tomillo, deshojada
una ramita de romero, deshojada
3 cucharadas de vinagre balsámico
375 g de masa de hojaldre lista para usar
6 cucharadas de nata fresca para cocinar
1 huevo campero, batido

1 Precaliente el horno a 200 °C/ventilador 180 °C/ potencia de gas 6. Caliente el aceite en una sartén grande y eche las setas, los ajos y las hojas de tomillo y romero. Sofría las setas 5-6 minutos hasta que dejen de soltar agua. Vierta el vinagre balsámico y siga cociendo todo hasta que se haya reducido (el sabor se mantendrá). Reserve las setas.

2 Mientras, desenrolle la masa y córtela en seis rectángulos iguales. Ponga papel vegetal sobre una bandeja y, con un cuchillo afilado, marque un borde de 1 cm en cada rectángulo, con cuidado para no cortar la masa.

3 Unte los rectángulos con nata y disponga encima una cucharada generosa de la salsa de setas. Pinte los bordes con el huevo batido y áselos en el horno 15-18 minutos, hasta que suba la masa y se doren. Sirva las tartaletas calientes, o déjelas templar sobre una rejilla.

RISOTTO DE CEBADA CON

SETAS

MASCARPONE Y HIERBAS AROMÁTICAS

El risotto de cebada es algo diferente al de arroz. Además de impresionar a los invitados como alimento saludable por sus infinitos beneficios nutricionales, la cebada perlada ofrece una textura inusual que combina especialmente bien con el rico e intenso sabor de las setas. Esta receta es ideal para aquellos días grises de invierno en que el sol se pone demasiado pronto.

3-4 RACIONES – PREPARACIÓN: 20 MINUTOS
COCCIÓN: 45-50 MINUTOS

2 cucharadas de aceite de oliva
250 g de setas (enoki, rebozuelos o champiñones portobello), limpias y en láminas
una nuez de mantequilla
4 dientes de ajo, en láminas
unas ramitas de tomillo fresco
1 cebolla pequeña, picada
175 g de cebada perlada
750 g de caldo vegetal caliente
2 cucharadas de queso mascarpone
queso parmesano rallado
pimienta negra recién molida
un puñado de hierbas aromáticas frescas (perejil, perifollo o cebollino), para decorar

1 Caliente un poco de aceite de oliva en una cazuela grande y honda. Añada las setas y sofríalas 2-3 minutos a fuego alto hasta que se ablanden un poco. Sáquelas de la cazuela y resérvelas en un plato.

2 Añada la cucharada de mantequilla a la cazuela y, cuando burbujee, eche los ajos, el tomillo y la cebolla. Baje un poco el fuego y siga sofriendo todo unos minutos hasta que la cebolla se ablande, pero no se dore.

3 Incorpore la cebada perlada al sofrito de cebolla y vierta el caldo caliente. Déjelo cocer, removiéndolo de vez en cuando, 30-35 minutos, hasta que la cebada quede blanda, pero aún al dente. Si le falta agua, añada un poco.

4 Cuando la cebada esté a punto, vuelva a echar las setas a la cazuela con el mascarpone y el parmesano, y añada pimienta. Sirva el risotto en boles calientes decorados con hierbas frescas.

¡truco! *Aproveche las sobras para rellenar champiñones, tomates o pimientos y culminar un almuerzo completo.*

COLES Y REYES

«Ha llegado el momento, dijo la morsa, de hablar de muchas cosas: de zapatos y de barcos y de cera para sellar, de coles y de reyes…» (Lewis Carroll)

Aunque zapatos, barcos y cera para sellar deberían ser raros como ingredientes, las coles y otras crucíferas que protagonizan este capítulo son unos verdaderos reyes de las mesas. La bella combinación de hojas y flores, de texturas crujientes y gomosas, otorga a esta colección de la realeza verde una consistencia y un sabor dignos de un monarca.

COLIFLOR ROMANESCO

ASADA CON ALMENDRAS Y AJO

La coliflor romanesco es una hortaliza espectacular: su forma en espiral y su magnífica variedad de tonalidades verdes llama la atención inmediatamente. Su delicioso sabor se complementa con la textura crujiente de las almendras saladas con mantequilla. Añádala a un plato de arroz integral o de risotto para culminar una comida completa.

4 RACIONES COMO ACOMPAÑAMIENTO – PREPARACIÓN: 10 MINUTOS
COCCIÓN: 10 MINUTOS

1 coliflor romanesco
una nuez grande de mantequilla
75 g de almendras enteras escaldadas, partidas por la mitad
3 dientes de ajo, ligeramente picados
½ cucharadita de sal marina

1. Quite el tallo de la coliflor, cortando alrededor del centro y recortando los ramos del tallo central. Lleve una olla grande llena de agua a ebullición y añada los ramos de coliflor. Hiérvalos entre 5 y 6 minutos, hasta que estén hechos sin llegar a perder su consistencia.

2. En una sartén grande, caliente la mantequilla a fuego bajo-medio y añada las almendras y los ajos. Fríalos hasta que empiecen a coger color, durante 2 o 3 minutos. Espolvoree sal marina por encima.

3. Escurra la coliflor y pásela a la sartén con los ajos, las almendras y la mantequilla. Remuévalo para mezclarlo todo y alíñelo bien. Sírvalo de inmediato.

COLIFLOR

CON CURRY AMARILLO DE GARBANZOS

Mi marido se hizo vegetariano durante el tiempo en que estuve escribiendo este libro, pues evaluó y puntuó la mayoría de las cien recetas. Las muestras salían directamente de la cocina para que las probara y dictara su veredicto. Este curry se convirtió en su plato favorito. Yo diría que esto es una recomendación en mayúsculas. Si le gusta el curry picante, sustituya las guindillas verdes por las rojas.

4 RACIONES – PREPARACIÓN: 15 MINUTOS
COCCIÓN: 30 MINUTOS

75 g de anacardos
alrededor de 1 cucharada de aceite vegetal
1 cebolla grande, picada
2 guindillas verdes, cortadas longitudinalmente por la mitad y en rodajas finas
4 dientes de ajo, picados finos
un trozo de jengibre de 5-6 cm, pelado y rallado
1 cucharadita de curry en polvo
1 cucharadita de cúrcuma
1 coliflor grande (de alrededor de 600 g), dividida en ramos
1 lata de 400 g de garbanzos, enjuagados y escurridos
400 ml de leche de coco
1 cucharadita de semillas de hinojo silvestre
100 g de espinacas de hoja joven
30 g de cilantro, cortado
sal y pimienta negra recién molida

1 Caliente una sartén honda a fuego medio. Añada los anacardos y fríalos entre 3 y 4 minutos sin aceite, removiéndolos de vez en cuando, hasta que empiece a exhalar su dulce aroma y los anacardos comiencen a asarse. Retírelos de la sartén y resérvelos.

2 Coloque de nuevo la sartén en el fuego y añada el aceite. Una vez caliente, agregue la cebolla y fríala entre 2 y 3 minutos hasta que empiece a caramelizarse. Añada las guindillas verdes, los ajos, el jengibre, el curry en polvo y la cúrcuma, echando un poquito más de aceite de oliva si es necesario. Siga friendo todo hasta que las cebollas queden tiernas y las guindillas pierdan su brillo.

3 Añada los ramos de coliflor, los garbanzos y la leche de coco a la sartén y remuévalo todo bien. Incorpore los anacardos y las semillas de hinojo silvestre. Llévelo todo a ebullición y déjelo hervir 20 minutos a fuego lento hasta que la salsa empiece a espesarse.

4 Eche las espinacas y 2 o 3 cucharadas de agua si la salsa queda demasiado espesa. Alíñelo todo bien y tápelo un par de minutos hasta que las espinacas se pongan lacias. Añada la mitad del cilantro picado, incluidos los tallos. Sírvalo decorado con un poquito más de cilantro.

ENSALADA DE

COL

SUERO DE LECHE Y NUECES DE MACADAMIA

El suero de leche añadido a la ensalada de col resalta el aderezo y convierte este sencillo producto de supermercado en un plato ligero y realmente interesante. No tema añadir más zanahoria o poner menos col.

6-8 RACIONES – PREPARACIÓN: 25 MINUTOS
COCCIÓN: 5 MINUTOS

una nuez de mantequilla
100 g de nueces de macadamia, troceadas
1 col blanca pequeña (alrededor de 600 g)
un manojo grande de perejil, picado
2 zanahorias medianas, ralladas
3 cebolletas, picadas finas
sal y pimienta negra recién molida

Para el aliño
75 g de mahonesa
125 ml de suero de leche
1 cucharadita de vinagre de sidra
½ cucharadita de sal marina
una pizca de cayena
¼ de cucharadita de mostaza en polvo

1. Para el aliño, vierta la mahonesa en un bol pequeño y añada el suero de leche poco a poco, removiendo sin parar para evitar la formación de grumos. Agregue el vinagre, la sal, la cayena y la mostaza en polvo. Resérvelo.

2. Caliente la mantequilla en una sartén pequeña a fuego medio. Añada las nueces de macadamia y tuéstelas entre 3 y 4 minutos, vigilando que no se quemen. Retire la sartén del fuego y resérvela.

3. Corte la col en tiras tan finas como pueda. Póngala en un bol muy grande con el perejil, las zanahorias y las cebolletas, y añada la mitad de las macadamias tostadas. Vierta el aliño y mézclelo bien, agregando un poco más de cayena si quiere un plato más picante. Condiméntelo con sal y pimienta negra. Eche la col en un bol para servir y decórelo con el resto de las nueces de macadamia.

¡truco! *Este plato puede elaborarse un día antes de consumirse, sólo tiene que añadir un poco de perejil fresco antes de sacarlo a la mesa.*

ENSALADA DE

COLES DE BRUSELAS

CON QUESO CHEDDAR Y LIMÓN

En el mundo de las hortalizas, las coles de Bruselas son como el último niño que eligen en el patio del colegio para los juegos. Esperan dentro de sus redes que alguien las adopte y sólo obtienen el visto bueno en ocasiones especiales, como Navidades. Yo las preparo crudas, con un poco de queso cheddar, limón y pasas, y el resultado las convierte en una verdura destacada.

4 RACIONES COMO ACOMPAÑAMIENTO
PREPARACIÓN: 20 MINUTOS

300 g de coles de Bruselas (véase el método)
raspadura de 1 limón grande sin encerar
60 g de queso cheddar curado, rallado fino
100 g de pasas grandes

Para el aliño
zumo de 1 limón grande
2 cucharadas de aceite de oliva virgen extra

1. La mayor parte del trabajo de esta receta consiste en cortar las coles de Bruselas. Use un cuchillo afilado y adquiera buen ritmo. Retire el tallo y las hojas exteriores más duras. Corte cada col por la mitad verticalmente y en tiras lo más finas posible.

2. Añada la raspadura de limón a las coles, junto con el queso y las pasas. Mézclelo todo bien.

3. Elabore el aliño mezclando el zumo de limón con el aceite de oliva en un bol pequeño. Viértalo por encima de las coles hasta que la ensalada quede bien aliñada. Sírvala.

ENSALADA DE COL ASIÁTICA

«Eres lo que comes.» Todos hemos escuchado este mantra y esta ensalada hace que uno se sienta bien. La lima, la menta y la salsa de pescado combinan perfectamente pero es el toque crujiente de los cacahuetes salados lo que le da la gracia final. Prepárela para llevarla de picnic como alternativa a los sándwiches.

6 RACIONES – PREPARACIÓN: 10 MINUTOS
COCCIÓN: 5 MINUTOS

120 g de fideos Vermicelli (fideos de arroz)
½ col, cortada fina
¼ de col lombarda pequeña, cortada fina
60 g de tirabeques, laminados en diagonal
1 guindilla verde grande, sin semillas y cortada fina
6 cebolletas pequeñas, cortadas finas
un manojo grande de menta, picada; reserve algunas hojas enteras para la guarnición
150 g de cacahuetes salados, asados y troceados; reserve algunos enteros para la guarnición

Para el aliño
2 dientes de ajo, laminados finos
2 cucharadas de salsa de pescado
1 cucharada de azúcar caster
zumo y raspadura de 2 limas sin encerar

1 Ponga los fideos secos en un bol mediano y cúbralos con agua hirviendo. Déjelos en remojo entre 3 y 5 minutos, o hasta que queden tiernos. Escúrralos y métalos debajo de agua fría hasta que se separen. Un buen truco es cortar los fideos con tijeras para que no queden tan largos; esto le facilitará comerlos.

2 Mientras tanto, elabore el aliño combinando todos los ingredientes. Déjelo reposar durante unos minutos, si tiene tiempo. El ajo aromatizará el zumo de lima y esto hará que sepa todavía mejor.

3 El siguiente paso es muy sencillo. Vierta todos los ingredientes en un bol grande. Écheles el aliño con un movimiento de arriba abajo para asegurarse que toda la ensalada queda bien aliñada.

4 Sírvala con menta fresca y unos cuantos cacahuetes por encima.

HOJAS DE
COL
RELLENAS DE RISOTTO DE TOMATE DESHIDRATADO

Las arrugas laberínticas de las hojas de la col de Saboya tienen algo muy especial; la convierten en una hortaliza mucho más interesante que otras coles y a nadie se le ocurriría añadirla a una ensalada de col. Me apeteció experimentar un poco con las hojas. Quería rellenarlas con un risotto de tomate casi dulce y colocarlas sobre un lecho de salsa de vino blanco. Esta receta es ideal para preparar con anticipación; haga el risotto y déjelo enfriar, escalde las hojas de col y monte el plato al final.

4 RACIONES – PREPARACIÓN: 10 MINUTOS
COCCIÓN: 50 MINUTOS

8 hojas exteriores grandes de col de Saboya
ensalada verde, para servir

Para el risotto
1 cucharada de aceite de oliva
1 cebolla, en juliana
200 g de arroz para risotto (Arborio o Carnaroli)
800 ml de caldo de pollo muy caliente
2 cucharadas de pesto rojo
100 g de tomates deshidratados, troceados
sal y pimienta negra recién molida

Para la salsa
una nuez de mantequilla
2 chalotas, picadas finas
150 ml de vino blanco
200 ml de nata fresca para cocinar

1 Para elaborar el risotto, caliente el aceite en una sartén honda para sofreír a fuego vivo. Añada la cebolla y fríala entre 2 y 3 minutos hasta que quede transparente y empiece a dorarse por los bordes.

2 A fuego bajo, añada el arroz para risotto a la sartén y remuévalo de modo que los granos queden cubiertos de aceite. Añada el caldo caliente paulatinamente, cucharón a cucharón, y siga removiendo hasta que cada incorporación quede absorbida antes de agregar la siguiente; esto puede llevar unos 20 minutos, así que tenga paciencia. Sazónelo.

3 Cuando el risotto esté listo y haya absorbido el caldo, añada el pesto y los tomates deshidratados.

4 Precaliente el horno a 180 °C/ventilador 160 °C/ potencia de gas 4. Seleccione ocho hojas exteriores de la col (las interiores son demasiado pequeñas) y corte un triángulo del extremo de base gruesa. En una olla grande con agua hirviendo, escalde las hojas por tandas durante aproximadamente un minuto, hasta que queden blandas pero no hervidas; retírelas y deje enfriar.

5 Una vez el risotto y las hojas se hayan enfriado, haga las porciones; divida el risotto en ocho partes y, con una cuchara, introduzca una porción en el fondo de cada hoja. Enróllelas una a una, remetiendo los lados hacia dentro y colocándolas en una fuente para el horno con el punto de unión debajo para que no se desenrollen.

6 Elabore la salsa blanca derritiendo la mantequilla en una cazuela pequeña a fuego lento. Añada las chalotas y fríalas hasta que se reblandezcan sin coger color. Vierta el vino por encima y suba un poco el fuego. Deje que burbujee durante 5 minutos hasta que reduzcan su volumen a la mitad y entonces vierta la nata. Baje la potencia y déjela hervir a fuego lento durante un minuto.

7 Vierta la salsa cremosa sobre los rollos de col y sazónelos bien con pimienta negra. Hornéelos durante 20 minutos antes de servirlos con una ensalada verde fresca.

COL RIZADA

CON QUINOA Y BOLAS LABNEH DE NUECES

El labneh es un yogur que se escurre en muselina para quitarle el suero de leche y conferirle una consistencia entre la del queso tierno y la del yogur, sin perder el típico sabor agrio de este último. En uno de los banquetes, dedicado a Oriente Medio, que celebramos en mi club de cenas, preparamos bolas de labneh rebozadas con frutos secos y hierbas aromáticas, y tuvieron tanto éxito que decidí incluirlas aquí. Es recomendable preparar las bolas labneh con dos o tres días de antelación.

4 RACIONES – PREPARACIÓN: 30 MINUTOS (MÁS 2 DÍAS PARA QUE SE FORMEN LAS BOLAS LABNEH) – COCCIÓN: 30 MINUTOS

Para las bolas labneh
500 g de yogur de buena calidad, si es posible con un 10 % de grasa
125 g de nueces
2 brotes de romero, con las hojas seleccionadas
1 cucharadita de pimentón dulce

Para la quinoa
200 g de quinoa
600 ml de caldo vegetal caliente
zumo de ½ limón
100 g de col rizada
50 g de pasas sultanas

Para el aliño
2 dientes de ajo grandes, picados
3 cucharadas de tajín de sésamo
1 cucharada de zumo de limón

1 Para elaborar el labneh, coloque un trapo de muselina en un colador y vierta dentro el yogur. Junte las puntas del trapo, envolviendo el yogur, y deje el colador en un bol. Consérvelo en el frigorífico para que se drene durante 2 días. Pasado ese tiempo, escurra suavemente el exceso de líquido y abra la muselina para destapar su queso labneh. A continuación, sólo tiene que darle forma de bolas, de aproximadamente 20 g cada una. Estas pueden conservarse durante 2 semanas en aceite de oliva o consumirse en el momento.

2 Caliente una sartén mediana a fuego vivo. Añada las nueces y tuéstelas entre 3 y 4 minutos, removiéndolas con frecuencia. Retírelas del fuego y pique 75 g de nueces y las hojas de romero en trozos muy finos.

3 Vuelva a colocar la sartén en el fuego y añada la quinoa para cocerla a fuego medio. Empezará a escuchar los granos estallar, por lo que deberá sacudir la sartén con frecuencia para que se cuezan de manera uniforme. Pasados unos 5 minutos, los estallidos serán menos seguidos. Vierta el caldo caliente en la quinoa, tápela y déjela hervir durante 15 minutos hasta que los granos queden hinchados y bien hechos. Exprima el zumo de limón por encima.

4 Mientras tanto, lleve una olla grande con agua salada a ebullición. Añada la col rizada y escáldela durante 2 minutos a fuego vivo. Escúrrala, deje que se enfríe y retire el exceso de agua con las manos. Trocee la col rizada y añádala a la quinoa junto con las pasas sultanas y las nueces restantes.

5 Para elaborar el aliño, combine todos los ingredientes en un bol pequeño o tarro de mermelada con alrededor de 75 ml de agua tibia, que es necesaria para obtener una consistencia líquida.

6 Reboce las bolas de labneh en las nueces y el romero picados y espolvoree el pimentón por encima. Sírvalas sobre la quinoa con el aliño aparte.

¡truco! *Si no tiene tiempo de preparar sus propias bolas de labneh, haga bolas de queso crema y cúbralas de nueces tostadas picadas.*

FIDEOS DE COCO CON

COL CHINA

Y CHALOTAS

Mi blog Fuggle Antics ha sido una obra de amor durante cinco años, un viaje, un diario de mi experiencia con la comida. Ha hecho nacer relaciones cibernéticas con cocineros de todo el mundo y ha propiciado experiencias culinarias que nunca hubiese imaginado, pero, por encima de todo, me ha animado a comer con espíritu aventurero. El descubrimiento de las barritas de fideos ramen ha sido una de estas aventuras. El ramen es un plato a base de caldo intenso y fideos. Esta receta es mi versión «para hacer en casa». Es importante ir probando el caldo hasta que le convenza, rectificando las especias o la leche de coco, según prefiera.

4 RACIONES – PREPARACIÓN: 20 MINUTOS
COCCIÓN: 20 MINUTOS

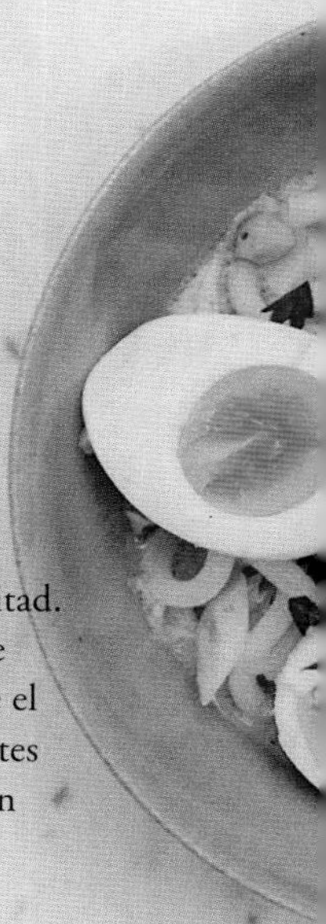

2 huevos camperos grandes
1 cucharada de aceite de sésamo
2 chalotas pequeñas, picadas finas
2 guindillas verdes pequeñas, sin semillas y picadas finas
2 cucharadas de pasta de curry tailandés rojo espeso
½ cucharada de azúcar moreno
½ cucharada de salsa de pescado
400 g de fideos udon, cocidos
400 g de col china, picada fina
400 ml de leche de coco (variedad ligera o normal)
75 g de cacahuetes salados, picados, para la guarnición
cilantro fresco, picado, para decorar

1. Hierva los huevos metiéndolos en una cazuela con agua hirviendo a fuego medio. Programe su cronómetro para que le avise a los 7 minutos.

2. Mientras, caliente una sartén y añada el aceite de sésamo. Deje que se caliente por completo antes de añadir las chalotas y las guindillas. Fríalas un minuto o dos antes de añadir la pasta de curry rojo, el azúcar moreno y la salsa de pescado. En este momento, su cocina debe estar perfumada con una agradable fragancia. Deje que la mezcla burbujee durante 1 o 2 minutos.

3. Con una espumadera, retire los huevos del agua y resérvelos. Añada los fideos udon y la col al agua de los huevos y tápelos dejándolos hervir a fuego lento entre 2 y 3 minutos. Retire la tapa y escúrralos, guardándolos de nuevo en la cacerola vacía mientras termina la salsa.

4. Vierta la leche de coco y los 400 ml de agua en la pasta sazonada y déjela hervir entre 7 y 8 minutos, removiéndola de vez en cuando.

5. Retire la cáscara de los huevos y córtelos por la mitad. Con unas pinzas, disponga los fideos y la col en la base de cuatro boles y báñelos con la salsa de coco. Termine el plato añadiendo las mitades de los huevos, los cacahuetes troceados y el cilantro fresco. Sírvalos de inmediato con palillos chinos o tenedores (según los comensales).

¡truco! *Los fideos ramen y udon son fáciles de encontrar en supermercados.*

COL RIZADA

DE HOJA LISA CON HUEVOS AL PARMESANO

A menudo, los domingos por la noche se sirven huevos en mi casa, de distintas maneras según el día y la temporada. A mi marido le gustan pochados; a mi hijo, revueltos, y a mí, cocidos. Me encanta que cada uno tenga su propia huevera, y tomar una cena ligera, suficiente para quedar satisfechos. Esta variación se ha convertido en uno de mis mejores platos, tiene un aspecto estupendo y tanto la col rizada de hoja lisa (o cavolo nero) como el ajo frito adicional le dan el toque final perfecto.

4 RAMEQUINES – PREPARACIÓN: 5 MINUTOS
COCCIÓN: 30 MINUTOS

15 g de mantequilla, más un poco para engrasar
8-10 tallos largos de col rizada de hoja lisa
2 dientes de ajo, machacados
150 ml de nata doble
4 huevos camperos grandes
una pizca de queso parmesano rallado
copos de sal marina y pimienta negra recién molida
pan tostado con mantequilla, para servir

4 ramequines de 250 ml

1. Precaliente el horno a 180 °C/ventilador 160 °C/ potencia de gas 4. Engrase ligeramente el interior de los moldes con mantequilla.

2. Prepare la col rizada cortando las hojas que no toquen el tallo y picándolas en tiras de entre 2 y 3 cm. Deseche los tallos.

3. En una sartén grande y ancha derrita la mantequilla a fuego medio. Añada las tiras de col rizada de hoja lisa y el ajo y sazónelos con sal y pimienta. Remuévalas y cuézalas entre 5 y 6 minutos hasta que queden lacias y añada la nata. Déjela burbujear entre 3 y 4 minutos o hasta que se espese. Alíñelo todo bien.

4. Deposite a cucharadas la mezcla en la base de cuatro moldes y rompa un huevo encima de cada uno. Espolvoree el queso parmesano por encima. Coloque los moldes en una bandeja para horno, llena de agua hirviendo hasta la mitad de los moldes (esto crea humedad, ideal para que los huevos no se sequen mientras se cuecen). Con cuidado, métalos en el horno entre 15 y 20 minutos. Sírvalos con pan tostado con mantequilla.

FIDEOS SOBA CON

COL RIZADA

DE HOJA LISA, LIMA Y TAMARINDO

Estos delicados y bonitos fideos se sirven con un aderezo suave de jengibre y un toque de lima. He añadido abundante col rizada de hoja lisa y aguacate para equilibrar el plato. A veces lo tomo con un poco de soja para darle un punto más salado *(véanse las páginas 166-167).*

4 RACIONES – PREPARACIÓN: 15 MINUTOS
COCCIÓN: 10 MINUTOS

250 g de fideos soba
1 col rizada de hoja lisa (de unos 200 g)
1 aguacate maduro
4 cebolletas, en juliana
40 g de semillas de sésamo, para decorar

Para el aliño
1-2 dientes de ajo, picados
1 cucharadita de pasta de tamarindo
un trozo de jengibre de 4 cm, pelado y rallado fino
1 cucharada de jarabe de arce
2 cucharadas de aceite de oliva virgen extra
2 cucharaditas de aceite de sésamo
raspadura fina y zumo de 1 lima sin encerar

1. Cueza los fideos soba metiéndolos en agua hirviendo a fuego lento y de acuerdo con las instrucciones del paquete, normalmente alrededor de 5 minutos. Escúrralos y enjuáguelos bien bajo el grifo.

2. Mientras, separe las hojas de col rizada de hoja lisa recortando la base dura de cada una de ellas. Córtelas y cuézalas en una olla con agua hirviendo ligeramente salada entre 3 y 4 minutos, hasta que queden tiernas. Déjelas enfriar, escúrralas bien, estrújelas para retirar el exceso de agua y córtelas.

3. Para elaborar el aliño, vierta todos los ingredientes (incluido el jugo del jengibre) en un tarro y mézclelos hasta que queden bien combinados.

4. Corte el aguacate en trozos de 2 cm y resérvelo.

5. Eche los fideos y la col rizada de hoja lisa en un bol grande y vierta el aliño por encima. Mézclelo bien antes de añadir con cuidado el aguacate y las cebolletas; si no lo hace así, el aguacate se convertirá en puré.

6. Sírvalos en platos espolvoreados con semillas de sésamo por encima.

TALLARINES CON

COL RIZADA

Y ACEITUNAS NEGRAS

Adoro los días sencillos, sin mucho que hacer, para disfrutarlos a ritmo pausado con los amigos y una comida sencilla. Estos tallarines son ideales para días así; resultan fáciles de hacer y pueden dejarse en el centro de la mesa sin más florituras.

2-3 RACIONES – PREPARACIÓN: 10 MINUTOS
COCCIÓN: 12 MINUTOS

75 g de col rizada, sin tallos largos y las hojas cortadas en tiras
250 g de tallarines frescos
80 g de aceitunas negras, deshuesadas y cortadas por la mitad
2 cucharadas de aceite de oliva
2 yemas de huevos camperos grandes, batidas
abundante sal y pimienta negra recién molida

1 Lleve una olla llena de agua a ebullición y eche la col rizada. Hágala hervir a fuego lento entre 3 y 4 minutos antes de retirarla con una espumadera grande o unas pinzas. Reserve durante unos minutos la col rizada escaldada mientras cuece la pasta en la misma agua.

2 Asegúrese de que el agua vuelve a hervir antes de añadirle los tallarines frescos. Hiérvalos a fuego lento entre 3 y 4 minutos hasta que estén hechos. Rápidamente, escúrralos y vuelva a meterlos en la olla, junto con la col. Añada las aceitunas negras, el aceite de oliva y condimente bien todo.

3 Una vez listos para servir, eche las yemas de los huevos en la pasta y remueva con suavidad para que se cuezan con el calor de esta. Ya está. Sírvalos de inmediato.

BRÓCOLI

ASADO CON TRIGO BULGUR, TOMATES CHERRY DESHIDRATADOS Y PISTACHO

El brócoli debería tener más protagonismo. Con demasiada frecuencia sólo es un acompañamiento del plato principal, hervido sin pena ni gloria, pero este no debería ser su destino. Con una cocción suave y algunos ingredientes sofisticados —como los tomates cherry deshidratados, el trigo bulgur y los pistachos—, el brócoli da un paso adelante y presenta un irreconocible sabor elegante.

3 RACIONES – PREPARACIÓN: 15 MINUTOS
COCCIÓN: 20 MINUTOS

un brócoli más bien grande, dividido en ramos
2 cucharadas de aceite de oliva
150 g de trigo bulgur
50 g de tomates cherry deshidratados, más unos cuantos para decorar
50 g de pistachos, picados
raspadura de 1 limón sin encerar

Para el aliño
3 cucharadas de yogur griego
2 cucharadas de vinagre de vino tinto
1 cucharada de aceite de oliva virgen extra
sal y pimienta negra recién molida

1 Precaliente el horno a 180 °C/ventilador 160 °C/ potencia de gas 4. Esparza los ramos de brócoli en una bandeja y sazónelos con el aceite de oliva. Métalos en el horno durante 20 minutos.

2 Mientras, prepare el trigo bulgur metiéndolo en un bol grande. Alíñelo y cúbralo con 150 ml de agua hirviendo. Tape el bol con papel film y déjelo reposar 10 minutos. Retire el film, ahueque el trigo bulgur con un tenedor y añada los tomates cherry deshidratados, los pistachos, la raspadura de limón y el brócoli.

3 Para elaborar el aliño, mezcle todos los ingredientes con un poco de agua caliente. Viértalo por encima de la ensalada y remuévalo todo con suavidad hasta combinarlo bien. Sírvalo en uno, dos o tres boles, decorados con unos cuantos tomates cherry deshidratados. Sírvalo de inmediato.

ÍNDICE

AGRADECIMIENTOS

Escribir el presente libro ha supuesto todo un viaje. Ha habido muchos momentos en que metafóricamente he ido a toda velocidad por carreteras sinuosas de la costa, sin coches a la vista, y he gozado de la experiencia. Y, en otras ocasiones, he precisado la orientación y apoyo de mi asombroso equipo, y me siento muy agradecida a ellos.

No todos los libros se llevan a cabo con la colaboración de colegas encantadores a los que ahora considero mis amigos. Sophie y Nicky tienen una visión muy clara de las cosas y me encanta que sean valientes y creativas. Gracias por vuestro enorme esfuerzo.

Tori, que realizó las fotografías, es amiga mía desde los trece años. Juntas, hemos ido a la discoteca por primera vez, hemos volado en avión sin nuestros padres por primera vez y nos hemos estrenado en festivales de música. Juntas, hemos creado este libro y le estoy muy agradecida. Deseo que nos aguarden muchas más aventuras.

Gracias a mi Jasper, que, con dos años de edad y sentado en la encimera de la cocina, me ha observado cocinar y a menudo, sin pelos en la lengua, ha aportado comentarios acerca del éxito de las recetas. Se ha convertido en todo un experto del molinillo de la pimienta.

Nick me ayuda a mantenerme alerta y me anima a silbar mientras trabajo. Nuestro hogar se convirtió en un santuario vegetariano durante un año y apenas se ha quejado por comer más lentejas que la mayoría de los chicos de treinta y tantos. Hemos ido de excursión a mercados, hemos comido en restaurantes vegetarianos y hemos invitado a los amigos a cenar, todo en pro de la creación de la presente colección de recetas. Gracias por ser mi compinche.

Y un agradecimiento más. A mi familia; Caroline, Milla, Calandre, Oenone, Hannah, Lou, Sue y mamá, que han probado las recetas a lo largo de este año, han dejado otras cosas para ayudarme y no han temido darme su opinión. Gracias.